KB172779

매력 있는
인간성 창조의 비밀

로버트 콘크린 / 이종빈 옮김

지 성 문 화 사

새로운 자기 창조의 자신있는 개성연출

매력있는 인간성 창조의 비결

로버트 콘크린/이정빈 옮김

오늘날의 사회에서는
어떠한 일에 있어서나 남보다 앞서기 위해서는
다음과 같은 조건이 요구된다.
사람들과 인화(人和)를 이룰 것, 영향력을 가질 것,
설득력이 있을 것, 효과적인 협의를 할 수 있을 것,
사람들을 자기 편으로 만들 것,
강한 인상을 줄 것 등이 바로 그것이다.

매력있는 인간성을 갖추고자 노력하는 이들에게

인도의 시성(詩聖) 타고르는 한폭의 비단에 다음과 같이 썼다.

"폭포에 의하여 이 언덕이 멀리 저쪽에 있는 바다에 닿아 있듯이 나는 시에 의하여 신에게 닿는다."

타고르의 이 말이 마치 지금의 내 마음을 가장 잘 표현해 주는 것 같다. 미국 중부에 있는 호숫가에서 쓴 이 책이 멀리 '고요한 아침의 나라'라 일컫는 한국 사람들의 마음과 영혼에까지 접할 수 있다고 생각하니 가슴이 설레인다.

"인간은 누구나 자그마한 외딴 섬은 아니다."라는 말처럼 '사회적 동물'인 우리는 어떤 경우라도 외톨이로는 살아갈 수가 없다. 태어나면서부터 인간은 수많은 사람과 더불어 살아가도록 창조된 것이다.

당신이 지금 어떤 생각을 하며 어떻게 살고 있느냐가 아주 먼 나라에 살고 있는 사람들의 인생에도 지대한 영향을 줄 수 있다. 이것은 지극히 당연한 일이다.

그 까닭은 당신의 생각이나 행동은 언제나 인생이라는 바다 위에서 잔물결을 일으키고 있기 때문이다. 인생은 항상 당신의 마음가짐에 따라 반응하고 있다. 당신이 적극적인 사람이라면 인생 또한 적극적인 반응을 일으킨다. 반면에 소극적인 사람에

게는 소극적인 반응이 이는 것은 당연하다.

사람들에게 어떤 영향을 주는가에 의하여 당신의 인간성은 결정된다.

한 마디로 인간성이라 말하는 이 단어의 이면에는 여러가지 깊은 뜻을 포함하고 있다. 이 책은 그 갖가지 인간성 가운데서도 가장 매력이 넘친 인간성을 함양하기 위한 핸드북이다.

사람을 끄는 매력이 중요한 것은 인생에서 가지고 싶은 모든 것을 끌어들일 수 있기 때문이다. 매력있는 인간이 되면 많은 친구를 사귈 수 있고, 사람들의 협력과 존경을 얻기 때문에 무리없이 정상에 오를 수 있다. 또한 주위에 있는 사람들을 한층 행복하게 하며 성공시키기도 한다.

이 책은 인간성의 매력에 관한 법칙에 바탕을 두고 만들어진 훈련 프로그램이다. 오랫동안의 연구, 관찰, 경험의 산물이다. 인격형성, 인간관계, 세일즈맨십을 기르기 위해서는 어떻게 하면 좋은가를 지도해 온 결과이다.

나는 고독하고 불행하고 불평 불만으로 가득찬 사람들의 모습을 교실에서 수없이 보아 왔다. 그런 사람들도 모두가 성공을 꿈꾸고 세상에서 사랑받고 인정받기를 원하고 있었다. 자기의 인생이 더욱 장미빛으로 빛날 것을 원하고 있었다.

그런 바람에도 불구하고 현실적으로 불행한 그들의 소망에 부응하고자 쓴 책이 바로 이 책이다. 이 책의 내용으로 인해 수많은 사람들이 새로운 인간성을 형성했다. 그들은 불행을 청산하고 매력이 철철 넘치는 사람으로 거듭난 것이다.

나는 이 책을 손에 든 당신도 그렇게 되리라고 확신하고 있다. 여기에서 한 가지 부탁드리고 싶은 점은, 당신이 정말 진지하게 이 책에 기술한 나의 제언을 따라주어야 한다는 점이다.

우리는 모두 완전한 새로움과 단순성을 가지고 인생을 시작한다. 그러나 애정과 보살핌에 의하여 자라고, 그리고 변화하고 성장했을 때 비로소 인생의 가치와 보람을 알게 된다.

사람들이 스스로의 마음의 정원에 어떤 씨를 심어 그 결실을 보는 것은 실로 큰 기쁨이라 아니할 수 없다. 나의 이 책이 당신의 인생을 새롭게 하고 풍성하게 결실하는 씨앗이 되기를 진심으로 바라마지 않는다.

Robert Conklin

차례

매력있는 인간성 창조의 비결

차례

매력있는 인간성 창조의 비결

인화를 유지하는 세 가지 스텝

제3장

상대방으로 하여금 협력케 하는 법

제4장

차례

매력있는 인간성 창조의 비결

제5장 성공을 기대하면 성공한다

제6장 사람을 움직인다

차례

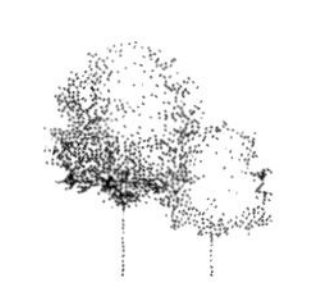

설득력과 커뮤니케이션

차례

매력있는 인간성 창조의 비결

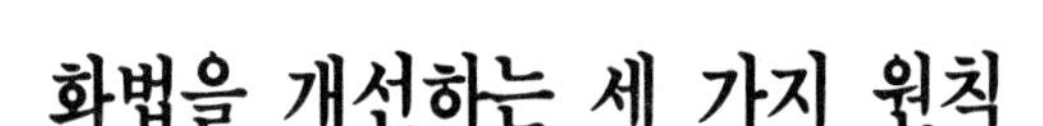

상대방의 마음을 사로잡는 여섯 가지 규칙

새로운 인생에 눈 뜰 시간은 바로 오늘이다

✸

최상의 행복은,
1년의 끝에서 년초에 있어서의 자신보다도
좋아졌다고 느끼는 것이다.
—톨스토이—

제1장 새로운 인생에 눈 뜰 시간은 바로 오늘이다

지금 당신은 어느 한적한 호숫가에 외로이 서 있다. 넓다란 호수는 흡사 가을 하늘인양 맑고 잔잔하기만 하다. 무슨 생각에 잠겨 한동안 그윽한 눈으로 호수를 바라보고 있던 당신은 갑자기 돌멩이 하나를 집어들어 힘껏 호수를 향해 팔매질을 한다.

난데없이 돌멩이에 얻어맞은 호수는 '철렁'하고 아픈 비명을 지르며 파편처럼 물길을 솟구친다. 수면에는 분노처럼 물결이 일고, 그 물결은 수십 겹의 원을 그리며 멀리멀리 퍼져간다.

그러나 돌멩이 하나에 깨어져버린 호수의 정적은 결코 오래 가지 않는다. 파문(波紋)의 폭이 넓어짐에 따라 물결은 잔잔해지고 마침내는 이전의 모습을 되찾고 만다.

지나친 비약일는지는 모르지만, 예를 든 호수는 당신의 인간성과도 같다. 힘껏 돌을 던져 파문을 일으켰던 행위는 당신 스스로의 인간성을 개조하려는 노력이다.

'나도 멋진 인생을 살고 싶다'라는 생각은 모든 인간의 공통된 소망이다. 남들보다는 부자로 살고 싶고, 건강하게 살고 싶고, 당당하게 살고 싶고, 행복하게 살고 싶은 것이 인지상정인 것이다.

그래서 우리는 곧잘 변신을 꿈꾼다. 자신의 잘못을 반성하고 나쁜 습관을 고치려고 부단히 노력을 한다. 특히 한 해가 시작되는 새해 첫아침에는 대부분의 사람들이 새로운 계획을 세우고 새로운 인생에 대한 기대와 희망에 가슴을 부풀린다.

'새해에는 술을 끊어야겠다!'

'기필코 담배를 끊으리라!'

'늦잠자는 것을 추방하여 새벽의 칼칼한 맑은 정신으로 하루를 시작하리라!'

'일주일에 한 권씩의 책을 반드시 읽어서 마음의 양식을 쌓아야겠다.'

많은 사람들이 새해에는 기필코 이것만큼은 이루고, 저것만큼은 고치리라 굳게 다짐한다. 그리고 얼마간은 그것을 지키려고 노력을 한다.

그렇지만 그와 같은 방법은 호수 가운데에 돌멩이를 던진 행위처럼 흔적도 없이 사라져 버리는 것이 보통이다. 우리는 이러한 것을 일컬어 '작심삼일(作心三日)'이라 한다. 결심이 굳지 못하여 오랜 타성에 다시금 젖어드는 것이다.

타성(惰性)이란 정말 무서운 힘을 지닌 인간이 가진 제2의 천성이다. 인간은 습관의 노예라고 해도 과히 지나친 말은 아니다. 어릴 때부터 쌓여진 뿌리깊은 성격이나 습관이 하루 이틀의 노력으로 바로잡아지리라고 생각하는 것 자체가 억지일 수밖에 없다.

인간성은 바꿀 수 있다

한번 타성에 길들여진 인간성(성격이나 습관)을 바꾸는 것은 대단히 어렵다. 그래서 필히 건곤일척(乾坤一擲)을 걸고 분투노력(奮鬪努力)해야만이 가능한 일이다. 곧바로 이 말은 되느냐 안 되느냐는 운명을 걸고 인간성 개조에 전력투구를 해야 한다는 말이 된다.

인간의 우열은 그 사람이 얼마나 인간성 개조에 열심히 노력했는가에 따라 결정된다. 의지가 박약하고 게으름뱅이는 어떤 분야이건 간에 인정받지 못한다. 그렇기 때문에 우리는 인정받는 인간, 매력이 넘쳐흐르는 인간, 행복하고 멋진 인생을 위하여 자신의 인간성을 바꾸는 일을 절대 주저해서는 안 된다.

물론 당신도 오랜 시간을 두고 지금까지 인간성 개조에 나름대로 노력을 했을 것이다. 자기 개선에 관한 책을 읽고 명사들의 강연을 듣기도 했을 것이다. 그렇게 해서 얻은 지식을 바탕으로 몇 가지 방법을 스스로 시험하였던 일도 많았을 것이다.

그렇지만 번번이 뜻을 이루지 못한 까닭은 어디에 있었는가. 당신의 의지보다 타성이 더 강했을 수도 있었겠지만, 필자는 그 방법이 잘못되었을 것이라고 감히 진단한다.

인간성 개조에 있어서 정말 중요한 점은, 인간성을 바꾸는 방법을 잘 이해하고 그 방법을 단단히 자기의 것으로 만들어야 한다는 점이다.

여기에서 잠시 책 읽는 것을 중단하고 눈을 감고 생각해 보

라. 지금까지 당신의 주변 사람 중에 정말 효과적으로 스스로를 개선한 사람은 과연 몇 사람이나 되는가? 모르기는 해도 단 한 사람도 없을 수도 있다. 또한 있다고 하여도 한두 사람에 불과할 것이다. 여기에는 두 가지 까닭이 있다.

(1) 인간의 타성은 언제나 개선에 저항한다

첫째, 대부분의 인간은 은연지중으로는 자기의 개선을 거부하는 경향이 강하다. 이 말에 거부반응을 보이는 독자들도 있으리라 생각되지만, 그러나 이 말은 절대적이다.

세상에는 정열적이고 이상과 신념에 넘친 인간성을 소유한 사람이 많다. 흔히 우리는 그런 사람을 '썩 괜찮은 사람', '매력있는 사람'이라 일컫는다.

생각이 건전하고 행동이 명쾌하여 자신 있게 세상을 사는 사람은 곁에서 보고만 있어도 부럽기 그지 없다. '나도 그렇게 되고 싶다'라는 생각이 절로 생길 때가 많다.

그러나 그렇다고 해서 일부러 진지한 노력을 쏟아가면서까지 자기를 개선하려고 하는 사람은 드물다. '멋진 사람의 멋진 인생'이 부럽기는 하지만 그렇게 되기까지의 과정은 쉽지 않고 또 싫은 것이다.

영광(榮光)은 바라고 있지만 그것을 얻기까지의 피눈물나는 과정은 훌쩍 건너뛰었으면 하는 심리, 그 심리의 이면에는 현상에 만족하고 살겠다는 뜻이 내포되어 있는 것이다. 다시 말해서 어떤 자극으로 인해 자기를 개선해 간다는 새로운 사고에 직면하게 되면 무의식적으로는 타성에 젖어 사는 자기를 감싸기 시작하는 것이다.

인간의 습관이란 마치 새로운 부메랑*을 손에 넣은 아프리카 원주민에 비할 수 있다. 아프리카 원주민은 낡은 부메랑에 강한 애착을 가지고 있어서 새로운 부메랑을 손에 넣었지만, 즉 낡은 부메랑을 버리기 위해 하루하루 노력을 쌓지 않으면 안 되었다. 던지면 되돌아오고 해서 죽을 때까지 낡은 부메랑을 버릴 수 없었던 것이다.

매력적인 새로운 사고방식이나 행동적인 습관을 들이려고 생각하더라도 오랜 낡은 습관을 버린다는 것은 대단히 어려운 일임에 틀림없다.

인간의 사고방식이나 행동적인 습관은 오랜 세월 동안의 반복에 의하여 너무나도 깊이 뿌리를 내리고 있다. 그렇기 때문에 습관이 위협을 받게 되면 강한 저항을 나타내는 것이다.

"더 보람 있는 일을 하고 싶다. 언제나 활기에 넘친 인생을 보내고 싶다."

사람들은 이런 말을 곧잘 입에 담으면서도 타성의 미지근한 물 속에서 뛰어 나오려고는 하지 않는다. 제임스 알렌은 인간의 그런 속성을 이렇게 갈파하고 있다.

"인간은 자기가 놓인 상황을 보다 좋게 하고 싶다고 원하지만, 실제로는 타성에 젖어 자기 자신을 보다 좋게 하려고는 하지 않는다. 그 때문에 그들은 평생을 뒤떨어진 자기의 타성에 속박당하는 채로 살아 간다."

인간에게는 습관에 의하여 만들어진 성격이 있고, 그것은 본성처럼 되어 있다. 그러나 그러한 성격에 저항하는 습관도 역시 만들 수 있다는 것을 알기 바란다.

---

*부메랑(Boomerang):오스트레일리아 서부 및 중앙부의 원주민이 사용하는 무기의 한 가지. 'ㄱ'자로 구부러진 70~80cm의 나무 막대기인데 목표물을 향해 던지어 맞지 아니한 경우는 되돌아옴. 도착 거리는 100~150m임.

(2) 효과적인 개선 방법을 모르고 있다

둘째, 자기를 개선하는 효과적인 방법을 전혀 모르고 있다.

"내 인생을 멋지게 살고 싶다. 더욱 매력적인 인간으로 거듭나고 싶다."

라고 말하는 사람이라도 '거듭나는 방법'에 대해서는 안타까울 정도로 모르고 있는 경우가 많다는 이야기이다.

대개의 경우 자기를 개선하는 방식을 정말 우연히 발견하는 경우가 많다. 어느 날 강한 충격이 갑자기 마치 도적처럼 밀어닥쳤을 때, 비로소 우리는 자기 개선을 시도하기 시작한다. 그렇다고 해서 그 방법이 우연으로밖에 발견할 수 없다는 것은 물론 아니다. 누구라도 자기를 개선하고 싶다는 강렬한 소원을 가지기 마련이고 그 방법을 열심히 찾으면 어렵지 않게 발견할 수가 있는 것이다.

그래서 이 장(章)에서는 그 방법에 대해 말하고자 한다.

① 자기를 개선하려면 어떻게 하면 좋은가?

② 사람을 끄는 매력있는 인간성은 어떻게 하면 기를 수 있는가?

③ 활기에 넘친 인간성을 기르고 높이려면 어떻게 하는 것이 좋은가?

당신을 개선하는 TAFFY 방식

새로운 당신을 만들어 내는 방식을 TAFFY(타피) 방식이라고 부르기로 하자. 타피방식의 지시에 따르면 당신이 되고 싶어하는 인간으로 어김없이 될 수 있다.

이것이 이 책에서 사용하는 원리이다. 타피방식에서는 당신이라는 인간을 형성하고 있는 갖가지 요소를 어떻게 하면 근본적으로 개선해 갈 수 있는가에 대하여 하나하나 순서를 따라 설명해 간다.

호수에 던진 돌멩이와는 다르다. 오히려 먼저 자그마한 변화를 만들어 내는 것이다. 그 변화를 유지함으로써 이윽고 습관이 되고 커다란 힘을 갖게 되어 억센 바람처럼 되는 것이다. 이렇게 해서 새로운 변화가 겹겹이 쌓여 습관이 되고 새로운 당신을 만들어 낸다.

타피방식을 활용하기 위해서는 먼저 '다른 사람들은 당신이라는 인간을 어떻게 보고 있을까'에 대하여 진지한 판단이 있어야 한다. 그것은 흡사 요리의 맛을 보는 것과도 같다. 다른 사람은 당신이라는 전인간성이 주는 인상에 의하여 당신을 판단하고 당신의 전인간성에 반응하는 것이다.

예를 들면, 불고기 맛을 보고 그 감상을 물었을 때, '쇠고기는 꽤 맛이 있지만 양념이 나빴다 '와 같은 대답은 하지 않는다. '맛이 있다'든지 '맛이 없다'든지 전체의 인상을 대답한다. 물론 똑같이 맛이 있는 것에도 여러 가지 단계가 있다. '그저 먹을 만하다'라는 말로부터 '아주 맛이 있어서 자꾸 먹고 싶다'는 대답까지 갖가지일 것이다. 어느 것이나 다 전체의 인상을 바탕으로 표현한다.

당신의 인상도 이와 마찬가지이다. '인격은 원만하지만 개성이 없다' '개성은 원만하지만 인간적으로 결여된 곳이 있다'는 것이 아니라, 포괄적으로 보게 된다. 결국 전체로써의 당신을 보게 되는 것이다.

당신과 만나는 사람은 당신의 부분부분을 판단하는 것이 아니다. 당신의 전인간성으로부터 인상을 받는다.

그 결과는 다른 사람은 당신을 이렇게 본다.

① 당신을 좋아한다. 싫어한다 아니면 무관심하다.

② 당신의 곁에 있고 싶어한다. 있고 싶어하지 않는다.

③ 당신을 위해 무엇인가를 해 주고 싶다고 생각한다. 생각하지 않는다.

④ 당신의 존재가 불쾌하다. 그렇지 않다.

석가도 인간을 신분이나 빈부의 차에 관계없이 다음의 다섯 종류로 나누고 있다.

ⓐ 그 인간은 없어서는 곤란하다.

ⓑ 그 인간은 있는 편이 낫다.

ⓒ 그 인간은 있어도 되고 없어도 된다.

ⓓ 그 인간은 없는 편이 낫다.

ⓔ 그 인간은 죽어 버리는 게 좋다.

당신은 이 가운데에서 어느 쪽에 속하는가?

인간성은 속일 수 없다

필자로서는 당신의 인간성을 예측하기는 어렵다. 그러나 당신의 오랜 친구나 주변 사람들은 나름대로 당신의 인간성을 판단하고 있다. 당신의 언행으로 말미암아 가까운 사람에게 심어진 이미지가 당신의 '사회적인 인간성'인 것이다.

당신의 사회적 인간성이 나쁘게 심어져 있는 경우라면, 당신에게 사람의 관심을 끌 수 있는 잔 기교를 아무리 많이 가지고 있다 해도 전혀 무의미하다. 이 말은 재미있고 능란하게 말하거나 억지 웃음을 띄우며 좋은 사람처럼 보이더라도 다른 사람이 당신을 좋아하지 않으면 그것으로 끝이라는 말이다. 중국

속담에도 “아첨하는 듣기 좋은 말과 보기 좋은 태도에 어진 이 없다.”라는 말이 있다.

다른 사람에게 영향력을 갖고 인상을 주는 것은 당신의 인간성 전체에서 나오는 매력이다. 이것은 당신이 키가 큰가, 적은가, 마른 편인가, 뚱뚱한 편인가, 음울한가, 쾌활한가와는 아무런 관계도 없다.

당신도 당신이 알고 지내는 사람 중에 함께 있기가 몹시 꺼려지고 불편한 사람이 틀림없이 있을 것이다. 교육도 받았고 외모도 훌륭하고 재력이 있는데도, 그와 함께 있으면 어딘지 모르게 불쾌감을 주는 사람이 있는가 하면, 교육을 받지 못했고 세속적인 의미의 재산도 그다지 갖지 못했는데도 함께 있으면 즐겁고 유쾌하게 느껴지는 사람이 있는 것이다.

그렇다면 여기에서 당신의 인간성을 천평칭*에 견주어 보자. 한쪽 접시를 플러스로 하고 다른 쪽을 마이너스로 생각해 본다. 마이너스 쪽이 15kg이고 플러스 쪽이 5kg이 된다면 플러스 쪽의 접시는 올라간다.

그러나 마이너스 쪽 접시에서 10kg을 덜어 내어 플러스 쪽 접시에 얹으면 커다란 변화가 일어날 것이다. 바로 여기에 열쇠가 있는 것이다.

당신의 인간성에 대해서도 이것과 조금도 다를 바 없다고 할 수 있다. 과장된 말이나 사람의 눈을 끄는 듯한 행동으로 기교를 부려 보아도 그것만으로 다른 사람이 당신에게 품는 인상을 바꿀 수는 없다.

하지만 당신의 사상이나 행동의 깊숙한 곳에서 일어나는 꾸

---

*천평칭(天平秤):저울의 하나. 가운데의 줏대에 걸친 가로장 양쪽 끝에 저울판을 달고, 한쪽에 달 물건을 다른 쪽에 추를 놓아서 평평하게 하여 물건의 질량을 닮.

준한 변화는 당신의 인간성에 획기적인 결과를 가져다 준다. 이것은 마치 천평칭의 마이너스 쪽 접시에서 10kg을 덜어내어 플러스 쪽의 접시에 올려 놓는 것과 같은 것이기 때문이다.

인간성의 토대

집이 튼튼한 기초 위에 세워지는 것처럼 당신의 전인간성도 역시 가장 깊숙한 내부에 잠재하는 사고방식, 사상, 마음가짐, 감정, 그리고 행동이라는 토대 위에 성립되고 있다.

그러므로 당신이 매력적이고, 힘있고, 그리고 다른 사람에게 영향력을 갖기 위해서는 이러한 토대를 먼저 단단히 다지지 않으면 안 된다.

이 책의 맨 뒤편에는 당신이 인생에서 얻고 싶다고 생각하는 것을 입수하려면, 이 토대 위에 무엇을 쌓아 올리면 되는가를 말하고 있다. 그렇지만 뒤에서 쌓아 올리는 것을 집에 비유한다면 창문이나 지붕과 같은 것 뿐이다. 이런 것은 모두 당신의 인간성 전체를 매력이 넘치는 것으로 하는 기반이 있어야만 비로소 그 위에 효과적으로 쌓아 올릴 수 있다.

당신의 인간성을 만들어 내고 있는 토대는 세 가지 있다. 사고, 행동, 감정이 바로 그것이다. 그러므로 전인간성을 개선한다는 것은 당연히 이 세 가지를 모두 개선하지 않으면 안 된다. 당신의 전인간성이란 마치 울퉁불퉁한 길을 튀어가면서도 전체의 모양은 조금도 흐트러지지 않고 굴러가는 고무공과도 같은 것이다.

그럼, 만일 이 공의 3분의 1을 잘라내고 굴려 본다면 어떨까? 균형을 잃고 툭툭 부딪치면서 순조롭게 굴러가지 못할 것은 분명하다. 이와 마찬가지로 당신이 다른 사람에게 겉치레 인사를 했다 하자. 그러면 곧 당신은 불성실한 사람으로 평가될 게 틀림없다. 모두들 당신을 좋아하게 되기는커녕 되도록 그 불유쾌한 아침에 얼굴을 찡그릴 것이다.

여기서 강조하고 싶은 것은 당신의 인격의 공이 둥글지 않다는 말이다. 이것은 3분의 1을 잘라냈기 때문이다. 결국 겉치레와 본심이 다르다는 이야기인데, 겉치레는 바닷가에 쌓은 모래성처럼 허망하다. 그것은 공처럼 둥근 인간성 가운데의 일부분에 지나지 않는 행동(표면적인 행동)이라는 면에만 집착하고 있기 때문이다.

이것을 염두에 두고 인간성의 개발을 시스템화한 타피방식을 다음과 같이 이해하기 바란다.

즉, TAFFY란 이러한 것이다.

T(Thoughts) 생각, 사상
A(Action) 행동
F(Feeling) (두 배의)감정
F
Y(You) 당신

사람을 끄는 매력있는 인간성을 만들어 내려면 먼저 자기의 생각, 사상(T)을 기르지 않으면 안 된다. 이 생각은 올바른 행동(A)을 유도하고 자신과 신념을 북돋우며, 당신의 감정(F)을 고양시키는 것이 아니어서는 안 된다. 더욱 다이내믹한 새로운 당신(Y)을 만들어 내는 것이 아니어서는 안 된다. 이것이야말로 TAFFY인 것이다.

타피방식에는 각 요소마다 거기에 부합된 역할과 목적이 있다. 우리는 이것을 충분히 이해해야 한다.

T(생각 · 사상)의 중요성

"생물의 외관(外觀)은 내부로부터 형성되는 것이다."라는 진리가 있다.

우리의 눈을 즐겁게 하는 아름다운 꽃도 내부의 구조에 의하여 그 외관이 결정된 것이다. 외적 요소—비, 바람, 빛 등도 물론 생물의 외관 형성에 영향을 주지만, 그러나 내부에서 일어나는 힘이야말로 생물을 자라게 하는 원동력인 것이다.

무릇 모든 사물의 성장은 자기의 힘으로 내부로부터 자라는 것을 뜻하고 있다. 그런데 우리 인간은 이 상식적이고 평범한 진리를 무시하며, 오해하고 있는 경향이 짙다. 흔히 인간을 '환경의 산물'로 표현하며 외부의 영향에 의해 인간성이 결정된다고 말한다. 물론 어느 정도 일리는 있는 말이지만, 근원적으로 파고들자면 매우 위험한 생각이라 아니할 수 없다.

단언하지만 결코 인간성은 외부의 영향으로부터 만들어지는 것이 아니다. 내부로부터, 즉 당신의 자기에 대한 인식의 정도에 따라 만들어진다. 많은 사람들은 이 사실을 깊이 생각하지 않고 다른 사람의 반응만을 편견적으로 다루고 있다.

이것을 가장 쉽게 이해하는 방법이 있다. 당신의 입에 물을 가득 머금고 머리를 하늘로 향하여 물을 뿜어내 보라. 그 물이 대부분 자기의 얼굴에 떨어지는 것은 당연하다. 이 원리에 비추어 지금까지 스스로의 언행을 생각해 보면 당신의 인간성은 자명해진다.

다른 사람을 어떻게 생각하는가

앞의 말을 설득력 있게 뒷받침하는 한 가지 재미있는 실례가 있다. 필자가 어느 교양강좌에서 인간성에 대하여 강의하고 있을 때의 일이다. 첫날 강의가 끝난 후 수강생 중의 한 중년 여성이 잠시 상의할 일이 있다며 나를 찾아왔다. 그녀는 한눈으로 보기에도 꽤나 정숙해 보였고 지적인 매력이 풍겼다. 그런 외모였지만 마음에 걱정이 있는 것이 분명했다. 주의를 의식하여 날카롭게 빛나는 눈빛, 꼭 다문 입술, 긴장된 이마는 걱정거리가 있다는 것을 웅변하고 있었다.

"저는 며칠 전에 일자리에서 해고되었습니다."

이렇게 말문을 연 그녀는 다음 말을 무뚝뚝하게 이었다.

"선생님의 강의를 듣고자 하는 것도 내 문제를 해결하는 실마리가 되었으면 해서입니다만……."

말 끝을 흐리는 그녀의 얼굴을 지켜보고 있던 나는 짐짓 단호한 소리로 이렇게 말했다.

"그것은 틀림없이 부인 자신에게 일차적인 문제가 있을 것입니다. 저에게 당신의 불만을 솔직담백하게 말씀해 주십시오."

"제 말을 들어보지도 않고 선생님께서는 너무 쉽게 단정을 하시는군요?"

그녀는 얼음장처럼 싸늘한 표정을 지으며 도전적인 말투를 내게 던졌다.

"부인께서는 너무 쉽게 감정을 드러내 보이는 결점이 있으시군요? 아마 그런 부분도 부인이 직장에서 해고된 이유에 포함

되어 있을 것입니다."

나의 이 말에 그녀는 눈을 동그랗게 뜨며 말을 더듬거렸다.

"그, 그걸 어, 어떻게 아셨습니까?"

"하하……. 부인께서 제게 보여주시고 있지 않습니까. 부인의 상담에 응하고 있는 저에게까지 날카롭게 따지고 드시는 성품이라면 주위 사람들과의 갈등이 오죽이나 많았겠습니까?"

그녀는 연신 고개를 끄떡이다가 한결 차분해진 목소리로 자신의 사생활을 털어놓기 시작했다. 남편과 이혼을 하게 된 이야기를 비롯하여 여러 직장에서 해고를 당하기까지의 경위를 이야기했다.

"선생님의 말씀을 듣고 생각해 보니 이번에 제가 해고당하게 된 경위도 저의 성격탓에 있었습니다."

하며 그녀는 말을 이었다.

"상사는 저의 결점이 다른 사람들과 원만히 지내지 못하는 점이라고 말씀하셨습니다. 저의 주장이 너무 강하기 때문에 동료들을 화내게 하고 빈번히 마찰을 일으킨다고 그 조목조목을 자상히 설명해 주었습니다."

여기서 그녀는 잠시 생각하는 듯이 "하지만"하고 덧붙였다.

"마침내 저는 빛을 본 것 같습니다. 이제야 비로소 저는 저의 문제가 무엇인지 알 것 같은 생각이 듭니다.

저는 어릴 때부터 부끄럼을 많이 탔습니다. 그런 성격탓에 학교에서도 혼자 있기를 좋아했습니다. 결혼했을 때는 그러한 저의 성격을 남편이 개선하려 드는 것이 무척 못마땅했습니다. 남편은 저에게 좀더 이웃 사람과 어울리라고 말했습니다. 그것이 불만이었던 저는 남편을 비판하고 남편의 결점을 찾아 내어 못살게 잔소리만 해댔습니다. 남편이 좀더 절 이해해야 한다고 생각했던 것입니다. 그런 문제로 부딪침이 잦다보니 문자 그대로 악순환의 연속이었습니다. 결국은 제 자신이 먼저 견디질 못하고 남편을 떠나고 말았습니다. 그래서 저에게는 어린애만이 남게 되었습니다.

저는 제가 너무나 비참하게 느껴졌습니다. 아무래도 일하지 않고는 안 되겠다고 생각했습니다. 누구나 다 내 문제를 이해해 주어야 한다고 생각했고, 저는 모든 사람들에게서 동정을 받고 존경되어야 한다고 생각하고 있었습니다. 완전히 제 자신을 순교자와 같은 것으로 생각하고 있었습니다. 어떠한 사소한 일이더라도 다른 사람이 관련되고 있으면 매우 까다로와져서 화를 내며 전투적으로 되었습니다. 문제가 커지면 다른 사람 탓으로 돌렸습니다.

그렇지만 이제야 비로소 문제를 만들고 있는 것은 다른 사람이 아니라는 것을 깨달았습니다. 선생님의 말씀처럼 저 자신이 문제의 원인이 되고 있는 게 틀림없다고 생각하게 되었습니다. 다른 사람은 행복하게 결혼하고 있으며, 일을 즐기고 친구도 많습니다. 그러니까 문제는 제가 다른 사람을 보는 그 방법에 있다고 생각하기 시작한 겁니다."

그 말을 듣고 나서 나는 이렇게 말했다.

"부인께서는 제가 놀랄 만큼 깨달음이 빠릅니다. 말씀 중에서 '내가 다른 사람을 보는 그 방법에 있다'는 말이 부인의 인생에 얼마나 커다란 변화를 가져다 주는지 두고 보십시오. 그 말만큼 지금의 부인에게 있어서 훌륭한 가르침은 없습니다."

이 짧은 문장은 모든 종교의 가르침과 전쟁의 원인, 산업계의 여러 문제, 가정 내에서의 말다툼 등 인간이 살아가는 한, 따라다니는 온갖 문제에 대한 계시(啓示)와 진실을 내포하고 있다. 그리고 당신의 행복과 불행을 결정하는 열쇠도 이 말 가운데에 있다.

지금 당신이 걸머지고 있는 갖가지 문제를 상기한 다음 '잠깐 기다려라. 불평을 말하기 전에 다른 사람에 대한 견해가 문제이다'라고 말해 보라.

당신의 초조, 희망, 실망, 낙담, 기쁨, 권태, 그리고 가장 의기소침한 때를 생각해 보면, 그것은 어느 것이나 다른 사람과의 관계에서 발생하고 있다.

지금 내가 예로 든 부인이 발견한 커다란 깨달음이라는 것은 다름이 아니다. 다른 사람에게 내 생각을 강요하기에 앞서 내가 다른 사람의 생각에 먼저 동화되는 것이다. 이 말은 일순간에 다른 사람이나 주위의 상황을 바꿀 수는 없지만 그것에 대한 나의 반응은 마음만 먹는다면 어렵지 않게 바꿀 수 있다는 이야기이다.

다른 사람에 대한 나의 반응을 바꿔야 한다

다시 한 번 되풀이하자. 가장 중요하기 때문이다. 당신이 초조하거나 방해가 되는 사람이 있다면 먼저 그러한 사람을 대하는 당신 자신의 마음가짐을 바꿀 일이다. 다른 사람이나 주위의 상황을 바꾸려는 생각은 절대로 해서는 안 된다. 다른 사람을 대하는 당신의 견해에 문제가 있는 것이다. 견해를 바꿈으로써 당신은 거꾸로 초조, 실망, 낙담을 정복할 수 있다.

그러므로 다른 사람과의 교제를 즐기며 서로 친목을 도모하여 순조롭게 행복한 인생을 살아가는 능력은 당신의 사고방식과 태도 가운데에 있다. 당신이 다른 사람을 어떻게 보느냐에 따르는 것이며, 당신이 '다른 사람을 대하는 견해'를 바꾸면 인생도 역시 바뀌는 법이다.

내가 말하는 비결이란 결국 이것이다. 스스로의 사고방식을 바꿈으로써 인간을 바꿀 수 있는 것이다.

어쩌면 당신은 지금까지 자기의 외관이나 인간성을 하나의 완성된 그림과 같은 것이라고 생각하고 있었는지도 모르겠다. 모양이나 색깔도 벌써 다 그려서 완성된 한폭의 그림. 그러므로 당신은 바꿀 수 있는 것은 액자 뿐이라고 생각하고 있지는 않았는가?

그렇지만 이 글을 읽게 된 당신은 새로운 힘, —당신을 다른 사람에게 인상짓는 방법—을 얻을 수 있게 되었으리라고 필자는 확신한다. 거듭 강조하지만 당신을 다른 사람에게 인상짓게 하는 힘이란 다른 사람을 대하는 '외관'을 바꾸는 것을 말한다. 당신의 외관은 그림보다도 오히려 영화의 스크린에 비교할 수 있다. 스크린은 영사기의 필름 속에 담긴 사건을 있는 그대로 반영한다.

당신의 생각과 태도가 필름이며, 마음은 영사기, 외관이 스크린이다.

아마 스크린에는 흠도 몇 군데 있을지 모른다. 즉 당신의 용모는 바라고 있는 만큼 아름답지도 못하고, 멋이 없을지도 모른다. 하지만 영사기가 강하고 인상적인 영상을 비추어 주기만 하면 그런 결점은 눈치채지도 못할 것이다.

이와 같이 당신의 인간성의 뿌리는 당신의 사고방식, —타피방식의 첫째 문자(T)—안에 묻혀 있는 것이다.

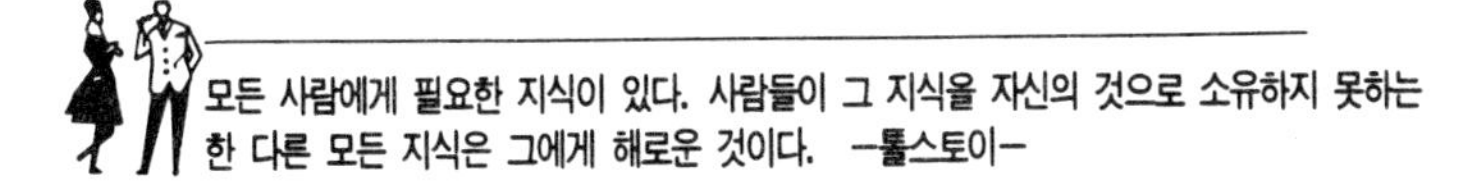

모든 사람에게 필요한 지식이 있다. 사람들이 그 지식을 자신의 것으로 소유하지 못하는 한 다른 모든 지식은 그에게 해로운 것이다. —톨스토이—

당신은 생각한 대로의 인간이 된다

이 심오한 진리는 사도 바울이 성서의 로마서 안에 "마음을 새롭게 함으로써 다시 만들어져라."(로마서 12)라고 썼다.

이미 4천년 전에 힌즈 사람들도 이러한 인간성과 사상과의 관계를 이해하고 있었다. 그들의 고문서(古文書)에 "사람은 자기가 생각하고 있는 것과 같은 인간이 된다."고 쓰여 있다. 이 진리는 영원한 것이다.

이처럼 인간은 어느 시대, 어느 세대에 있어서나 인간의 행동에 대한 중대한 계시를 자기들 스스로 발견하고 있다. 인간의 행동과 사상과의 관계도 마찬가지이다. 유명한 심리학자 윌리엄 제임스는 이렇게 말하고 있다.

"우리 세대의 가장 위대한 발견은, 인간은 자기의 마음가짐을 바꿈으로써 인생을 바꿀 수 있다."

씨앗이 없으면 꽃은 자라지 않는다. 맛있는 케이크는 요리인의 훌륭한 솜씨에 의하여 만들어진다. 아름다운 집을 세우고 싶어도 청사진이 없으면 세울 수 없을 것이다. 그러므로 당신의 인간성은 당신의 사고방식을 토대로 하여 형성된다. 바로 당신 자신의 산물인 것이다. "다른 사람을 어떻게 보느냐." 이것이 토대이다.

그래서 사람을 끄는 매력있는 인간을 만드는 타피방식의 첫 단계는 'T'가 된다. 이것은 사상(Thought)이나 사고방식(Think)을 나타낸다.

*

자신의 인생은 자신의 것이다. 행복과 불행 또한 자신의 선택에 의해 좌우된다. 많은 사람들이 돈이 없다, 시간이 없다, 환경이 나쁘다 등의 말을 하지만, 이 모든 것들은 변명에 불과하다. 세상의 모든 일은 자신의 판단과 신념 여하에 따라 상황이 달라질 수 있다.

행동이 의미하는 것

사람들은 당신의 행동을 보고 당신을 판단한다. 행동하는 방법에서 당신의 인간성을 판단한다는 뜻이다.

그래서 타피방식의 둘째 단계는 행동(Action)의 A이다.

잠시 여기서 어린 시절로 되돌아가 보자. 그리고 크리스마스를 맞은 당신이 살던 집의 거실을 상기하자.

방 한쪽 구석에 화려하게 꾸민 크리스마스 트리가 있으며, 그 밑에 갖가지 선물이 수북히 놓여 있다. 큰 것, 작은 것, 빨갛고 하얗게 포장된 것, 리본을 단 것, 다양한 색깔의 스티커가 붙어 있는 것도 있다. 당신은 어느 것이 자기에게 돌아오는 선물일까 하고 가슴을 설레이며 바라보고 있다. 안에 든 것은 무엇일까? 하고 퍽이나 알고 싶어서 찔러 보기도 하고, 들어 보고, 흔들어 보고, 넘어트려 보기도 한다.

그리고 마침내 기다리고 기다리던 때가 왔다. 자기가 받은 선물을 펴는 차례이다. 그래서 이윽고 내용을 볼 수가 있다. 가슴이 두근거리는 즐거운 한때다. 어떤 선물은 마침 가지고 싶었던 것도 있을 것이다. 당신은 내용물을 안 만족감으로 뿌듯해지고 장난감을 가지고 놀며 선물을 즐긴다.

내용을 보이는 것의 중요성

인간도 선물과 마찬가지로 처음에는 모두 포장되어 있다. 즉 성격도, 매력도 내부에 감추어져 있다.

내용물을 이해하고 인정받으려면 포장을 풀지 않으면 안 되는 것이다.

사람들의 행동은 포장을 풀어가는 과정이다. 즉, 내용이 무엇인가를 알기 위한 과정이다. 어떤 사람은 곧 포장을 풀고, 또 어떤 사람은 언제까지고 절대로 풀지 않는다. 꽤 친절하고 좋은 사람인데 자기를 어떻게 열어 보이면 좋은지 알지 못하는 사람도 많이 있다.

당신이 아무리 훌륭한 인간성을 지니고 있더라도 행동에 나타내지 않으면 다른 사람들은 아무런 의미도 갖지 못한다. 행동으로 나타난 결과에 의하여 다른 사람은 당신이라는 인간을 이해하게 된다.

물론 행동이란 걸음걸이, 말씨, 앉음새, 이야기를 듣는 자세, 사물을 보는 태도, 옷차림, 몸가짐, 표정 등의 모두를 말하며 대단히 중요한 것이다. 그렇기 때문에 이 책에서는 행동 시스템을 마련하고 있다. 그것은 다른 사람을 끄는 인간성을 만들고 또 인상적인 인간을 만든다. 지금까지 이야기하여 온 것과 같은 인간성의 특징은 특정한 행동에 의하여 만들어지고 있다. 그 행동에 따라 다른 사람은 당신을 판단하게 된다.

이 행동 시스템을 이해하고 되풀이해서 연습하기 바란다. 그것은 커다란 의미가 있으며 반드시 성과가 있을 것이다.

작은 행동이 쌓여서 당신을 만든다

우선 당신이 스웨터를 짜려고 했다 하자. 그런데 한 번도 짠 경험이 없다. 그래서 뜨개질을 잘하는 친구한테 가서 짜는 방법을 배운다.

그 친구는 몇 시간에 걸쳐서 짜는 방법을 설명해 줄 것이다. 사용하는 털실과 무게에 따라 어떤 바늘을 사용하는지, 바늘로 어떻게 코를 만드는지, 처음부터 자상하게 설명해 준다. 체크 무늬를 짜는 데는 어떻게 안팎으로 돌려가며 짜는지도 가르쳐 준다. 그리고 등판, 앞판, 팔 부분을 짜가는 것도 그것들을 차례대로 잇는 방법도 배운다.

또 코를 넓히고, 목 둘레를 마무리하고 스웨터를 모양대로 손질해서 완성해 가는 방법도 모두 배웠다. 이렇게 해서 당신은 친구와 다름없는 솜씨로 스웨터를 짜는 방법을 알았다. 그래서 다음날 아침, 당신과 친구가 함께 각각 스웨터를 짜기 시작했다고 가정하자. 자, 어느 쪽이 먼저 끝내고 어느 쪽이 일을 산뜻하게 완성할까?

물론 친구 쪽이 먼저 짤 게 정해진 사실이다. 당신은 코 두세개 정도 만들 수 있으면 고작일 것이다.

당신은 친구와 같은 만큼 뜨개질에 대하여 알고 있을 것임에도 왜 이렇게 되었을까? 그것은 친구는 몇 년 동안을 당신보다 몇 배나 더 되풀이해서 연습을 쌓아왔기 때문이다. 친구는 이미 지식을 행동으로 옮기고 있었던 것이다.

인간성도 역시 같다고 할 수 있다. 매력이 있는 자연스런 인간성은 행동과 그 되풀이에 의해서만 이루어질 수 있다.

인격형성에 관한 책이나, 다른 사람과 원만히 지내는 방법 등을 쓴 책을 몇 권 읽어 본다 해도 쓰여 있는 것을 실제로 옮기지 않으면 아무런 가치도 지니지 못한다.

인격 훈련법이란

이제는 조금이나마 이해했을 것이다. 즉 하루 종일 활동하고 있을 때는 항상 자기 자신을 훈련하고 있는 것이 된다. 아무것도 하지 않을 때도 아무것도 하지 않는 것을 훈련하고 있다는 뜻이다. 다른 사람에게 무관심하다면 그것은 무관심으로 있는 습관을 들이는 연습을 하고 있는 것이 된다.

다시 말하면 우리가 의식하고 있건 의식하지 않건 간에 인간성은 항상 훈련을 하고 있다는 말이다. 결국 평소에 꾸준히 매력적인 자기 개발에 힘쓰면 머지않아 그 결과가 잘 익은 과일의 향기처럼 넘쳐서 풍겨 나오게 된다. 그렇게 되기 위해서는 연습을 되풀이하지 않아서는 안 된다. 한 가지 새로운 행동의 되풀이가 고통으로 느껴지는 동안은 그것이 아직 참다운 자기의 것으로 되어 있지 않다는 증거이다.

올림픽 금메달 리스트들의 영광을 얻기까지의 과정을 살펴보면 그 피눈물나는 연습이 우리의 상상을 초월한다. 그들의 영광은 체력의 한계를 뛰어넘는 연습에 대한 선물인 것이다. 또한 첼로의 명수 파블로 카잘스가 세계를 감동의 도가니로 몰아넣은 것도, 일흔 살을 넘기고도 하루에 4시간씩이나 꾸준한 연습을 계속하고 있었기 때문이었다.

인간의 우열은 얼마만큼 노력을 했는가에 따라 결정된다.

애당초에는 사막에 떨어뜨린 한 방울의 물과 같을 것이다. 그러나 행동을 되풀이함으로써 당신의 능력, 즉 내부의 힘은 커다란 흐름이 되어 힘차게 밖으로 흘러나오는 것이다.

행동이 감정을 불러일으킨다

왜 야구장에는 불펜이 있는 것일까? 이유는 간단하다. 피처가 워밍업을 하기 위해서이다. 그럼 왜 피처는 워밍업을 할 필요가 있을까? 이것도 간단하다. 피처는 워밍업을 하지 않으면 수비를 할 때에 공을 던질 마음이 내키지 않기 때문이다.

이것은 기술을 필요로 하는 어떠한 활동에도 말할 수 있다. '워밍업'을 하지 않으면 행동을 일으키는 마음이 나지 않는다.

저명한 하버드 대학의 심리학자 윌리엄 제임스는 같은 사실을 좀더 학구적인 말로 표현하고 있다.

"감정은 행동에 의하여 일어난다."

다시 말하면 '피처로서의 행동을 하지 않으면 피처로서의 기분이 나지 않는다', '행복한 것처럼 하지 않으면 행복하게 되지 않는다'는 뜻이다.

마찬가지로 당신은 '열의가 있는 것처럼 행동하지 않으면 열의가 나오지 않는다' 또 '성공한 것처럼 행동하지 않으면 성공을 하겠다는 마음이 되지 않는다'는 말이다.

아침에 일어나자마자 '아아, 지금 곧 일하고 싶다'라고 생각하는 사람은 없다. 일하고 있는 동안에 '저것도 하자, 이것도 하지 않으면…….' 하고 일할 마음이 우러나게 된다. 역시 워밍업이 필요하다.

그래서 타피방식의 세번째 단계는 감정이 된다. '새로운 나를 만들어 내고 싶다'는 생각을 행동으로 옮겨 주기 바란다. 그렇게 하면 당신의 '새로운 나를 만들어 내고 싶다'는 감정이 솟아오르게 된다. 이 감정은 처음엔 단순한 '소원'과 같은 것으로 그것이 행동을 되풀이함으로써 크게 부풀어 오른다. 이 크게 몇 곱으로 부풀어 오르는 감정을 강조하기 위해 F를 중복이 되게 했다.

인생의 모든 성공은 행동에 대한 보상이다. 아무리 좋은 계획이라 하더라도 행동이 따르지 않으면 공상에 지나지 않는다. 공상은 누구나 할 수 있다. 문제는 행동이다. 야망은 있으나 기어가는 사람, 꿈은 있으나 질질 끄는 사람, 계획은 있으나 뒤로 미루는 사람은 절대 성공할 수 없다. 세상은 언제나 당신이 하는 행동으로 당신의 가치를 결정한다.

감정이란 것의 중요성

행동이 감정을 낳는다. 이것이 인생에서 성공하는 비결이다. 사실 인생에 대한 추구심, 탐구심은 본질적으로 '감정'에 지배되고 있다.

욕망이나 기대 등도 모두가 감정에 의하여 뒷받침되고 있다. 인간은 누구라도 성공, 우정, 행복, 안전, 평화, 사랑, 인식을 자기의 내부에 추구하는데, 그것은 감정적인 것이다. 하지만 대부분의 사람은 자기가 추구하는 것이 무엇인가를 이해하지 못하기 때문에 수중에 넣을 수가 없다. 감정이 행동에 의하여 솟아나는 것을 알지 못하고 있는 것이다.

앞에서 열거한 여러 가지 감정을 다시 한 번 읽어 보자. 전부 행동에 의하여 생겨나는 것임을 알 것이다. 어떤 행동은 어떤 사고의 상징이다.

그러나 이 규칙은 열의를 타오르게 하는 좋은 감정에 대하여서만 적용되는 것은 아니다. 좋지 못한 감정에도 똑같이 적용된다. 활기없는 행동을 하면 실망한 기분에 빠진다. 한두 걸음 남보다 뒤져서 행동하면 참으로 뒤떨어진 듯한 기분이 된다. 건들건들하고 게으름을 피우면 참으로 태만한 마음이 생긴다.

한 마디로 정리하여 보면 '좋은 생각과 좋은 행동이 좋은 감정을 낳고, 나쁜 생각과 나쁜 행동이 좋지 못한 감정을 낳는다'라고 말할 수 있을 것이다. 더 간단히 말하면,

"사람은 자기가 뿌린 것을 스스로 거두어 들이게 된다."

(갈라디아서 6~7)

의견이란 결국 감정에 따라 결정되고, 지성에 의해서 결정되지 않는다. -H·스펜서-

왜 당신이 중요한가?

지금까지 생각, 행동, 감정이라는 서로 관련되는 요소에 대하여 설명했다. 이 시스템을 적절히 활용하면 당신의 인생에는 틀림없이 훌륭한 변화가 일어날 것이다. 그만한 깊이를 갖추고 있다고 단언할 수 있다. 행복, 성공 등을 인생의 목표로 하여 행동을 일으킨다. 그 행동이 감정을 크게 배가하여 그를 위한 사고양식을 만들어 간다.

좀더 부언하기로 하자. 자기를 개선한다는 것은 전혀 다른 인간이 된다는 말이 아니다. 당신이 가지고 있는 온갖 좋은 것과 훌륭한 것을 강조해 가면 된다. 당신은 다른 인간이 되는 것보다는 당신 자신이 중요한 것이다. 한 사람의 완전한 인간, 최상의 인간이 목표임을 잊어서는 안 된다. '당신의 이런 점이 좋다'라고 사람들한테서 들은 적이 있을 것이다. 그것을 의식하고 길러가지 않으면 안 된다. 매력적인 인간성을 만들어 내는 요소는 자기의 내부에 있다. 이 태도가 중요하다. 다른 사람에게 외면당하는 바람직하지 못한 경향은 결단을 내려 버리도록 해야 한다.

그 결과 당신의 인생을 훨씬 훌륭하고 매력적인 것으로 만들어 내게 된다.

매력있는 인간을 위한 aphorism ①

사랑하라, 그대에게 고통을 준 자를 사랑하라.
그대가 욕을 하고 미워하던 자를 사랑하라.
자기의 마음 속을 숨기고
보여 주지 않는 자를 사랑하라.
모든 사람을 사랑하라.
그때에 비로소,
그대는 맑은 물 속을 들여다 보듯,
그 사람들의 내부에 존재하는 성스러운
사랑의 본성을 볼 수 있을 것이다.

—세네카—

제2장

모든 것을 바꾸어 놓는 마법의 힘

✸

위대한 일에
열의의 힘이 없이 성취한 것은
하나도 없다.
—에머슨—

모든 것을 바꾸어 놓는 마법의 힘

메이저리그에서 로스앤젤스 다저스팀의 윌즈 유격수는 도루의 신기록을 세웠다. 무려 104도루라는 기록이다.

다른 선수의 도루는 이 기록의 10분의 1에도 미치지 못했다. 예를 들면 미네소타 트윈스의 최고 도루자인 그린 선수까지도 8도루로 윌즈 선수의 겨우 13분의 1밖에 되지 않는다.

그럼 윌즈 선수가 그린 선수보다 다리가 13배나 빨랐다는 말일까? 그런 일은 없다. 두 사람 사이의 차이는 실로 약간의 것이어서 분별할 수 없을 정도의 것이다. 그런데도 성적으로써 나타난 결과를 보면 견줄 수 없는 차이가 되고 만다.

인간성에 대해서도 똑같다고 할 수 있다. 사람과 사람과의 인간성의 차이는 보잘 것 없는 사소한 것이지만, 그 결과를 보면 차이가 참으로 커다랗게 벌어지고 만다.

인간성에 바늘만큼의 차이가 있는 것만으로 오랜 인생의 사이에는 커다란 차이가 생기고 만다. 수입에 몇천만 원이라는 차이가 생기고 친구들에게 호감을 받느냐, 미움을 받느냐가 결정되고 성공과 실패를 가름한다.

이러한 차이는 이제부터 내가 말하려고 하는 단 한 가지에 의하여 생기는 것이다. 그것은 오랜 동안에 걸쳐 당신의 인간성을 만들어 온 모든 것에 영향을 주었다. 그 차이는 아무것과도 바꾸기 어려운 불가사의한 에너지를 만들어 냈었다.

그것은 당신의 인간성을 풍부하게 하고 생명을 주어 충분히 작용하는 힘을 가지고 있다.

이것이 바로 '열의(熱意)'라는 마법의 힘인 것이다.

열의는 새로운 인생을 약속한다

나는 다행히 취직하고 얼마되지 않아서 열의의 마력을 배울 기회를 얻게 되었다.

그때 나는 세일즈를 시작했다. 동료 세일즈맨 중에는 죠 윌리엄이라는 사람이 있었다. 그는 마흔일곱 살로 중학교와 고등학교에 다니는 아이들이 있었다. 그의 자동차는 7년 전에 산 형편없이 낡은 것이었으며, 언제나 돈을 빌리고, 걱정이 가득한 얼굴을 하고 있는 무기력한 남자였다.

죠는 매일 아침 어깨를 축 늘어뜨리고서 힘없이 사무실에 들어왔다. '또 실패하는 것이 아니야.'라고 생각하고 있는 모양이었다. 그때까지 그가 번 최고액은 한 달에 1500달러였다. 물론 이것은 그렇게 나쁜 성적은 아니었다.

그는 실적은 별로였지만 인간성은 참으로 좋은 사람이었다.

동료들은 그의 인간성을 좋아하여 가까이 했지만 회사에서는 그를 영 탐탁치 않게 여겼다. 다 풀린 시계 태엽과 같이 풀어진 그의 행동은 늘 질책의 빌미가 되었다.

그러던 어느 날 밤, 우리 회사의 전 세일즈맨들은 주(州)의 대회에 참석하게 되었다. 회의장은 미국 산업계에서 큰 실적을 올린 두 사람의 톱세일즈맨의 이야기를 듣기 위해 몰려든 수많은 세일즈맨으로 가득 차 있었다.

강연자 한 사람이 '열의'에 대하여 이야기를 했다. 그가 이야기한 것은 오로지 열의에 대한 것뿐이었다. 열의가 인간에게 미치는 효과와 그 중요성, 그리고 어떻게 하면 열의를 가질 수 있느냐에 대하여 설득력 있는 강연을 했다. 강연 도중에 내가 죠가 있는 곳을 힐끗 바라보자 그는 숨을 죽이고 이야기를 듣기에 정신이 나가 있었다.

돌아오는 길에 죠는 줄곧 열의에 대해서만 이야기했다. 그러는 것으로 보아 그는 강연에 큰 감명을 받은 것이 분명했다.

다음날 아침, 사무실에 들어온 죠는 전혀 다른 사람 같았다. 하는 말이나 행동이 이전에는 결코 볼 수 없던 열의가 담겨 있었다. 그는 처음에는 조금 딱딱하고 부자연스런 일을 하고 있는 것처럼 보였다. 하지만 2, 3일이 지나자 그 무기력하고 침울했던 죠는 이제 찾아볼 길이 없는 인간이 되었다고 모두는 믿게 되었다.

그러나 나에게 놀라운 깨달음을 준 것은 죠의 열의가 낳은 결과였다. 다음 달, 그는 5200달러 이상의 세일즈커미션을 얻었던 것이다. 이것은 그가 과거 47년 동안에 얻은 커미션의 최고 금액보다 세배 반이나 많은 것이었다. 열의가 그를 인생이라는 대지에 싱싱한 뿌리를 뻗게 한 것이다.

죠는 그 뒤에도 성공을 계속했다. 성장하고, 더욱 열의를 가지고 일과 맞섰다. 이때부터 진짜 죠가 태어나기 시작했다. 이 기적은 그의 인생을 완전히 바꾸어 버렸으며 가족의 인생도 바꾸어 놓았다.

죠는 저명한 영국의 역사가 아놀드 토인비의 말 "무기력을 극복하는 것은 열의뿐이다."의 산 실례라 할 수 있다.

"위대한 일에 열의의 힘이 없이 성취한 것은 하나도 없다."

에머슨의 이 말처럼 열의란 전등을 밝히는 발전기와 같은 것으로 인간을 움직여서 위대한 업적으로 이끄는 힘이다. 잠자고 있는 에너지, 재능, 활력을 일깨워 목표를 향하여 돌진시키는 힘이며, 내부로부터 넘쳐나오는 힘이다.

인생에서 열의를 원동력으로 사용하는 비결, 그것은 먼저 열의가 있는 듯 행동하는 것이다. 열의를 습관화하여 당신의 인간성을 짜는 날실과 씨실로 삼아야 한다. 힘차게 달리는 증기기관차가 에너지를 내기 위해서는 차고 속에서 쉬고 있을 때에도 가마가 식지 않도록 줄곧 석탄을 태우지 않으면 안 된다.

에드워드 버틀러는 '인생의 성공과 열의의 함수관계'를 이렇게 정의내리고 있다.

"어떤 사람이라도 때로는 열성적이다. 어떤 사람은 열의를 갖는 시간이 단지 30분 동안이며, 어떤 사람은 30일 동안이다. 그러나 인생에 성공하는 것은 30년 동안의 열의를 지속하는 인간이다."

생각의 저수지를 만들자

당신의 차에 있는 액셀을 밟아 보라. 당장 힘이 나서 고속도로를 달려 나갈 것이다. 열의도 마찬가지이다.

열의는 동력이다.

당신의 생각은 액셀이다.

당신의 마음은 가솔린 탱크이다.

액셀을 밟기 전에 가솔린 탱크를 가득히 채우고, 그리고 나서 액셀을 밟아 보라. 그러면 열의가 당신을 몰아 세우는 것을 분명히 느낄 수 있을 것이다.

당신은 지금 활기에 차고 투지에 넘치는 사람을 부럽게 생각하고 있을지도 모른다. 그리고 '저 사람은 좋은 머리를 타고 났기 때문에 나와는 다르다.'고 체념하고 있는지도 모른다. 그러나 체념할 필요는 없다. 아무리 좋은 기후의 혜택을 받더라도 비료를 주지 않으면 밀은 자라지 않는다. 인간성도 마찬가지로 좋은 비료가 없으면 썩 훌륭히 되지 않는다. 그러므로 먼저 가솔린을 가득히 채운 다음 액셀을 밟도록 하라.

열의를 가지고 행동하기 위해서는 다음의 에너지원을 비축하지 않으면 안 된다.

액셀이 되는 생각

액셀에 해당하는 생각이란 어떤 생각일까? 몇 가지 예를 들어 보자. 내가 알고 있는 세일즈맨은 일을 하러 나가기 전에 이렇게 말하고 있다.

"내가 만나기로 생각한 사람을 만나는 것은 매우 즐거운 일이다. 그는 내 상품을 절대로 필요로 하고 있다. 나는 이제부터 그가 상품에 투자하도록 최대의 노력을 할 것이다."

또 어떤 은행원은 아침마다 이렇게 말하고 있다.

"오늘은 내 생애에서 가장 좋은 날이다. 오늘이라는 날은 나에게 있어서 처음 맞는 날이다."

사회학을 가르치고 있는 어느 대학 교수는 수업이 있기 전에 눈을 감고 이렇게 생각한다.

"나는 이 주어진 시간에 내가 카르칠 수 있는 최고의 것을 학생들에게 주자. 이제부터 20, 30분 동안에 그들은 인생을 좌우할 만한 것을 배울지도 모른다."

또 세계적으로 유명한 어떤 가수는 노래하기 전에 반드시 눈을 감고 자기 자신에게 이런 말을 들려 주고 있다.

"나는 청중을 사랑하고 있다. 여기에 있는 한 사람 한 사람이 모두 중요한 사람들이다. 나는 이 사람들에게 나의 가장 좋은 노래를 들려 주자."

이들은 그때의 강력한 효과를 말하고 있다. 머리를 숙이고 스스로 자신에게 선언함으로써 한층 강한 힘과 지도를 얻고, 전보다 한층 힘차고 활기에 넘친 자기를 만들어 내고 있다.

액셀을 밟을 때

언제나 액셀을 밟을 수 있게 해 두라. 차를 총점검하는 것처럼 당신의 일과중에 어디가 약점이 되고 있는지 체크해야 한다. 이를테면 아침에는 최초에 무엇이 일어날지 생각해 보자.

잠자리에서 막 일어났을 때, 그날에 하지 않으면 안 되는 일이나 문제가 되는 일이 먼저 머리에 떠오른다. 이 때가 당신의 하루를 결정하는 순간이다. 어떤 주부는 이렇게 말한다.

"집안 일이 산더미처럼 쌓여 있을 때 아침에 일어나면 먼저 그날에 하지 않으면 안 되는 귀찮은 일을 생각하고 맙니다. 그러면 2, 3분 사이에 두통이 일어나고 맙니다."

그러니까 싫은 일을 생각하기 전에 잠시 머리를 깨끗이 하고 다음과 같은 생각으로 액셀을 밟아야 한다.

"열의를 가지고 오늘이라는 하루를 충실히 살자. 새로운 생명이 있고, 해야 할 일이 있어서 여러 사람과 만나는 것은 얼마나 다행한 일인가!"

아놀드 베네트는 이렇게 쓰고 있다.

"아침에 일어나면 지갑을 열어 보십시오. 지갑에는 이상하게도 24 시간이라는 시간이 가득히 들어 있습니다. 이것은 당신이 가지고 있는 것 중에서 가장 값비싼 것입니다."

액셀을 다시 한 번 밟을 때

무언가 귀찮은 일을 정리하지 않으면 안 될 때는 이렇게 말하도록 노력하라.

"내가 알고 있는 가장 좋은 방법으로 해 보자. 중요한 일이니까 지금 하지 않으면 안 된다. 정성을 들여 하자."

산더미 같은 어떤 문제를 처리하지 않으면 안 될 때, 도움이 되는 말이 있다.

어느 고대 왕국에서 이 나라의 현인(賢人)들이 왕에게 보낸 말이 있다. 비록 어떤 어려운 문제나 상황에 처하더라도 항상 용기와 지혜를 가지고 대처하라고 보낸 것이다.

"이것도 어느 때인가는 사라져 가는 것이다."

어떠한 장애물이나 문제라도 모두가 변화해 간다. 온갖 것이 변화해 가는 것을 안다는 사실은 마음이 든든한 것이다. 모든 것이 사라져 간다. 사라져 감으로써 새로운 활력과 희망과 찬란한 빛을 얻게 된다.

이와 같은 생각은 그대로 감정에 영향을 준다. 중요한 것은 이 점이다. 액셀을 밟을 때에 하는 생각이 당신의 행동이나 감정에 최면술과 같은 효과를 미친다. 적극적이고 긍정적인 생각의 저수지를 스스로 만들기 시작하면 그것이 열의의 에너지원이 된다. 의욕이 없어지거나 열의가 식어질 때면 액셀을 밟아 보라. 그러면 열의의 힘이 솟아오르는 것을 느낄 것이다. 당신은 자기의 생각이나 자기가 하는 말의 힘으로 자기 자신을 움직여 갈 수 있게 된다.

가솔린에 내폭제를 넣자

내폭제는 엔진의 노킹을 예방하기 위해서 가솔린에 넣게 되는 첨가물이다.

열의가 노킹을 일으키지 않도록 하려면 당신에게도 내폭제가 필요하다. 커다란 쇼크에도 견딜 수 있게 하기 위해 내폭제가 필요한 것이다.

여기에서 내폭제란 흥미와 관심이다.

"흥미를 가질 수 있는 사람은 무슨 일에나 흥미를 보인다."

예로부터 속담으로 전해지는 이 말은 진리임에 틀림없다.

열의있는 매력적인 인간이 되기 위해서는 흥미의 발전기를 돌려야 한다. 왜냐하면 흥미를 토대로 하여 열의가 생기고 흥미가 있는 것에는 더욱 적극적으로 되기 때문이다.

당신이 세일즈맨이라면 상품을 파는 데에, 당신이 비서라면 지금 곧 회사 일에 열의를 나타내라. 또한 매력적인 사람이 되고 싶다면 먼저 다른 사람에 대하여 흥미를 가져라.

❋ 밝은 성격은 어떤 재산보다 더 귀하다. —카네기—

열의의 원천은 흥미

인간이 무언가에 열중하기 위해서는 흥미가 필요하다.

흥미는 열의를 위한 윤활유이다. 흥미를 일으키기 위해서는 다음의 세 가지 심리적 수단을 이용하는 것이 효과적이다.

(1) 호기심을 가질 것

다음에 예로 든 사항 중에서 당신이 흥미를 느끼는 것을 다섯 가지만 골라 보라.

유럽여행	영어회화	프로야구	기독교
동남아시아여행	일어회화	프로축구	불 교
국내여행	중국어회화	농 구	유 교
골 프	경제학	레스링	이슬람교
스 키	정치학	씨 름	통일교
볼 링	문 학	태권도	나폴레옹
등 산	철 학	유 도	징기스칸
낚 시	사회학	검 도	주원장
바 둑	역사학	탁 구	링 컨
장 기	심리학	핸드볼	처 칠

다섯 가지를 골랐으면 이번에는 당신이 가장 잘 알고 있는 것을 다섯 가지를 고르라.

두 가지 리스트를 비교하여 몇 가지나 일치하고 있는가를 당신이 확인해 보라.

만일 세 가지 이상이 일치하면 당신도 대부분의 사람들과 마찬가지이다. 즉 자기가 잘 알고 있는 사항에는 매우 흥미를 나타낸다는 말이 된다.

이대로는 이 다음에도 이미 알고 있는 일에만 흥미를 지속하는 것이 되고 말 것이다. 무언가 필요한 수단을 강구하여 개선하려고 하지 않는 한, 그 상태는 계속될 것이다.

한정된 틀에서 벗어나기 위해서는 지식을 넓히고, 관심을 넓히고, 열의에 불을 붙이는 일에 과감히 도전해야 한다. 알지 못하는 일에도 호기심을 일으키는 노력이 절대 필요한 것이다.

호기심은 흥미를 만들어 내는 불씨이다. 역사에 남는 위대한 발명, 발견은 전부 강렬한 호기심의 소유자에 의하여 이룩되어 왔다. 갖가지 일에 흥미를 가지고 있는 사람이 열의와 투지에 불탔던 사람이라는 사실은 결코 우연이 아닌 것이다.

(2) 집중력을 기를 것

다음 게임을 해 보자. 이제부터 일주일 동안 매일 5분 동안, 당신의 집에 있는 창문으로 밖을 내다보고 지금까지 알지 못했던 것을 꼽아 보는 것이다.

다음에는 가족들과 함께 즐거운 게임을 하자. 창문에서 본 익숙해진 경치에 대하여—이를테면 색깔, 크기, 배치, 무엇인가 유별난 것, 집들, 나무의 수 등—여러 가지로 질문해 보라. 그리고 가족들이 어느 정도 사물을 보고 기억하고 있는지 시험해 보라. 그렇게 해 보면 정확히 기억하고 있는 일은 놀라울 만큼 적다는 사실을 깨달을 것이다.

또 몇 사람의 친구에게 좋아하는 텔레비전 프로를 다섯 가지만 대어 보라고 물어 보라. 그리고 나서 그 프로의 광고에 나오는 제품 이름과 회사 이름을 물어 보라. 다섯 가지 중에서 두

가지만 맞추어도 좋은 편이다. 사람들은 사물을 집중하여 관찰하는 것을 잊고 있다. 마음이 집중되지 않아 여기저기에 마음을 빼앗기고, 그것이 습관화되어 있다.

마음이 집중되지 않는데 회화나 사람이나 그 밖의 여러 가지 일에 흥미를 갖게 될 리가 없다. 내가 알고 있는 작곡가 버튼 씨는 사람들의 잡담이나 그 밖의 소리로 꽤 떠들썩한 장소에서도 태연하게 작곡을 한다. 그는 자기의 목적 이외의 것은 모두 차단하고 있을 수가 있다. 그만큼 집중력이 발달해 있다.

해변에 떠밀려 올라간 고기가 펄쩍펄쩍 이리저리 뛰고 있는 것처럼 여러 가지 일에 마음을 빼앗기지 말 것, 주위의 소음이나 회화 따위에 마음을 빼앗기지 말고 목적하는 것에 집중할 것. 즉 집중력은 오늘부터 당신이 꾸준히 연습할 사항이다.

평소에 사물을 보고 들을 때 집중력을 작용시키면 흥미를 낳게 된다는 사실을 명심하라.

(3) 자기의 이익을 생각할 것

"아무래도 좋지 않은가."

우리는 이런 말을 곧잘 듣게 되는데, 이것은 무관심을 나타내는 말이다. '나에게는 아무런 영향도 없으니까. 관심 같은 건 없어요.'라는 말이 된다.

'이것이 나에게 어떤 이익을 주는가?'를 알지 못하고는 흥미도 일어나지 않는다. 날마다 보는 텔레비전, 신문, 잡지, 게다가 회사의 세미나 등에서 얻는 지식이 언젠가는 반드시 도움이 될 것으로 믿어야 한다. 동시에 그 지식이 장래에 자기의 이익과 결부될 것이라고 간파하는 힘을 가져야 한다.

당신은 사람의 이름을 곧 기억할 수 있을까? 다른 사람의 이름을 기억하는 것은 어려운 일인지도 모른다. 그러나 만일 처음 만나는 사람에게서 "일주일 뒤에라도 내 이름을 기억하고 있으면 100만원 드리지요."라는 말을 들으면 어떨까?

그래도 그 사람의 이름을 기억하기가 어려울까? 그런 일은 생각할 수 없다. 왜냐? 그것은 이 사람에게 흥미를 지속하는 것이 직접 당신에게 이익이 되기 때문이다.

흥미의 대상이란 이러한 것이다. 흥미를 갖는 것이 최종적으로는 득이라는 것, 이것을 믿는 지혜와 통찰력을 기를 것, 이 두 가지가 필요하다.

가솔린에 섞인 모래를 제거하자

가솔린 속에 모래가 들어가 있으면 모터를 못 쓰게 만들고, 액셀도 듣지 않게 되어 연료로서의 힘이 없어지게 되고 만다.

열의를 만들어 내는 과정에는 단순히 액셀이 되는 적극적인 사고방식이나 강한 흥미만으로는 불충분하다. 당신은 플러스의 요인을 기를 뿐만이 아니라, 마이너스의 요인도 제거하여 가지 않으면 안 된다. 소음의 원인이 되거나 엔진을 파손시키는 가솔린에 섞여 있는 모래에는 다음과 같은 종류의 다른 입자(粒子)가 있다.

① 자기 연민 ② 비판 ③ 불평

이들은 멍청하게 하고 있으면 곧 인간의 마음 한가운데에 깊게 뿌리를 내리고 만다.

자기 연민을 버리자

나는 때때로 '지금 인간관계에 어떤 문제를 가지고 있는가?'라는 것을 수강생들에게 기록하게 한다.

다음은 그들이 기록한 수많은 문제 가운데에서 몇 가지 전형적인 것만을 고른 것이다.

어떤 남성은 이렇게 쓰고 있다.

"저의 장모는 미망인입니다. 홀로 사는 그녀는 늘 저를 찾아오고 있습니다. 전화도 걸지 않고, 너무 자주 찾아오므로 아내와 마음놓고 쉴 수 있는 시간 같은 게 전혀 없습니다. 아내는 이 일을 한 마디도 장모에게 말하려고 하지 않습니다. 그래서 저는 나무라 주려고 생각하고 있습니다."

또 회사에 근무하는 젊은 타이피스트는 이런 불평을 한다.

"직장 동료 중에 늘 수다를 떨며, 항상 사사로운 일로 전화질이나 하고 있고, 무척 말이 많은 친구가 있습니다. 그런 상태이기 때문에 매일처럼 자신의 임무를 처리하지 못합니다. 그런데도 상사는 매일 아침 그녀가 하지 않은 일을 저희들한테 맡깁니다. 이런 불공평한 일은 없습니다."

어느 주부는 이렇게 썼다.

"제 남편은 퇴근 후 집에 돌아와서 저한테 전혀 이야기를 해주지 않습니다. 무언가 먹든지 텔레비전을 보고 있을 따름입니다. 그래서 전 혼자 떠드는 게 됩니다. 남편은 제가 하루 종일 말 상대도 없이 외롭게 지내는 것을 이해하지 못합니다."

소매점의 점원은,

"손님들은 한결같이 저희들을 마치 벌레만도 못하게 여깁니다. 무척 무례합니다."

라고 슬퍼했고 또 어떤 세일즈맨은 이렇게 불평을 토로했다.

"손님들은 방에서 얼굴도 내밀지 않은 채 만나기를 거절하는 데는 참을 수가 없습니다. 몇 시간이나 차를 운전해서 만나러 갔는 데도 비서가 나와서 지금 바쁘다고 말할 따름이니까요.”
교외에 사는 부인은 말한다.
“저는 이웃 부인을 가장 좋은 친구라고 생각하고 있습니다. 그런데 언제나 저를 헐뜯기를 일삼고 있습니다. 오늘 아침에도 커피를 마시자고 초청했습니다만 최근에는 살이 찌기 시작한 모양이라느니 어쩌니 합니다.”

자기 연민은 열의의 적

이것저것 모두가 비슷하다는 사실을 알 수 있으리라 생각한다. 모두 자기 연민이라는 한심스런 무거운 짐을 걸머지고 있다. 확실히 이 사람들은 부당하게 다루어지고 있는지도 모른다. 이러한 감정을 품는 것은 참으로 옳을지도 모른다.

그러나 자기를 아무리 동정하고 있어도 아무도 마음으로부터 동정 같은 것은 해 주지 않는다. 투지가 생길 수도 없다.

당신은 이 사람들과 같은 마음가짐을 하고서 열의가 용솟음칠 수 있다고 생각할 수 있는가? 나쁜 생각은 나쁜 생각을 낳고, 좋은 생각은 좋은 결과를 낳는다는 사실을 다시 한 번 상기하지 않으면 안 된다.

자기 연민을 추방하는 것이 매력있는 인간성을 갖추기 위한 가장 중요한 한 조건이다. 이것이 진리임을 증명하기 위해서는 당신 자신이 어떤 사람을 선호하고 있는가를 생각해 보면 확연해 진다. 예를 들어, 당신이 어떤 축하 파티에 참석할 손님의 리스트를 작성하고 있다고 가정해 보라. 이때 당신은 이런 생각을 하지 않을까?

‘K씨를 부르자. 그는 아주 재미있는 사람이니까. L부인도 빠뜨려서는 안 된다. 그녀는 항상 모임의 흥을 돋구는 사람이지. 그러나 P씨를 초청하기에는 어쩐지 꺼려지는군. 그는 박식하기는 하지만 사람을 불쾌하게 만드는 경우가 많아. 한탄하는 버릇만 없다면 좋은 사람인데…….'

이렇게 사람을 고르는 것이 일반적이다. 그렇기 때문에 당신도 자기 연민에 빠져들어가는 버릇이 있다면 지금 곧 추방하여야 한다.

자기 연민은 다른 어느 것보다도 당신에게서 열의를 빼앗아 버리기 때문이다.

'불평'의 모래를 버리자

당신의 고충을 전부 기록해 보라. 1년 동안 계속해 보는 것도 재미있을 것이다. 틀림없이 지긋지긋한 리스트가 되고 만다. 이것을 전부 '어려운 문제'라는 이름의 휴지통에 던져 보라.

자, 여기서 다시 한 번 휴지통 속에 있는 것을 천천히 관찰해 보라. 아마 당신은 어떤 중대한 일을 깨달을 것이다. 리스트 가운데에 문제가 되고 있는 것은 친구와 가까운 사람들에 관한 일뿐임을 깨달을 것이다. 만일 이 리스트에 기록된 것과 같은 문제를 모두 내던져 본다면, 결국에 가서는 당신의 인간으로서의 가치도 내던져 버리는 것이 되지 않을 수 없다.

바꾸어 말하면 어린이들이 말을 듣지 않을 때야말로 어머니인 당신이 필요하게 된다. 일이 잘 되어 가지 않을 때야말로 당신이 격려해 줄 것을 기다리고 있다. 말을 듣지 않는 어린이나 잘 되어 가지 않는 일 등 불평불만의 원인이 되고 있는 것이 당신을 가치있는 인간으로 만든다. 그릇이 크면 클수록 갖가지 문제를 처리하여 그 그릇에 담을 수 있다.

불평을 말하고 싶을 때야말로 열의가 필요하므로 투지를 가지고 문제에 부닥쳐야 한다. 그리고 문제가 일어나면 이것만이 인간성 확립에 절호의 찬스라고 생각하라.

명 저널리스트 찰스 케터링은 문제에 당당히 도전하고 있다.

"나한테는 어려운 일만을 가지고 오십시오. 좋은 뉴스는 나를 약화시킵니다."

불평불만으로 축축하게 젖은 모포를 열의 위에 덮어 씌우는 것과 같은 바보스런 흉내를 내서는 안 된다. 불평의 모래가 모터에 들어가기 전에 버리라.

'비판'이라는 모래도 제거하자

어른들이 몇 사람이 모여 있는 곳에 가서 이런 질문을 해 보는 것도 재미있다.

"당신은 남성과 여성 둘 중에서 어느 쪽이 운전을 더 잘 한다고 생각합니까?"

"민자당과 민주당의 어느 쪽이 국민을 위하는 좋은 정당이라고 생각합니까?"

이런 질문을 하면 곧 두 그룹으로 나누이고 잠깐 동안에 열띤 토론이 시작된다.

나는 이런 때는 언제나 그대로 15분쯤 토론을 계속하게 하고서 또 질문을 해 보기로 하고 있다.

"여러분 중에서 토론이 시작되고 나서 상대방에게서 무언가 배우거나 의견을 바꿀 수 있던 사람이 있습니까?"

지금까지 수많은 사람에게 이러한 실험을 해 왔으나 이 질문에 '예'라고 대답한 사람은 한 사람도 없었던 것이다.

이것은 무엇을 말하고 있는 것일까? 많은 사람들은 '그럴

리가 없다.'라고 말할지도 모르겠으나, 그러나 결국 인간은 자기를 개선하고 싶지 않으며, 개선되고 싶지도 않다고 생각하고 있다. 자기의 신념이나 인상을 바꾸어 버릴 만한 지식은 무의식적으로 거절하고 있다.

자기와 정반대의 생각, 의견, 견해 등에 직면하면 사람들은 어떤 반응을 나타낼까? 16세기 프랑스의 저널리스트이며 문필가인 라 로슈후코는 이런 기분을 아주 잘 표현하고 있다.

"우리는 자기와 다른 의견을 가진 사람을 현명하다고 생각하는 일은 좀처럼 없다."

다른 사람의 행동, 신념, 감정 등을 비판하는 행위는 삼가하라. 왜냐하면 비판은 가시가 되어 열의를 말살하기 때문이다. 비판이라는 산(酸)으로 열의를 녹여 버리기 때문이다.

이와 같이 자기 연민, 불평, 비판이라는 결과가 좋지 못한 모래를 제거하는 일이, 강력한 열의를 만들어 내기 위한 제3단계이다. 큰 장애의 싹은 미처 자라기 전에 솎아 내야 한다.

세 종류의 모래를 제거해 엔진이 파손되지 않도록 유의하라.

열의있는 행동의 실현

동물원에 갔을 때, 동물원 안에 '동물에게 먹이를 주지 마십시오.'라는 팻말이 걸려 있는 것을 본 일이 있을 것이다. 어째서 이런 팻말이 필요할까? 왜 뭇 사람들이 땅콩이나 팝콘이나 비스켓 같은 것을 주고 싶어할까? 동물들이 배라도 고픈 줄로 알고 그럴까? 물론 그렇진 않다.

사람들이 먹이를 주는 이유는 간단하다. 동물들이 움직이는 것을 보고 싶기 때문에 먹이를 던져 준다. 사자도 기린도 원숭

이도 움직이고 있을 때가 훨씬 재미있기 때문이다.

낯익은 거리의 풍경을 다시 한 번 잘 살펴보라. 광고업자는 사람의 주의를 끄는 데는 움직임이 강력한 무기가 된다는 사실을 잘 알고 있다. 약방 앞에 있는 목을 움직이는 인형, 가을 하늘에 떠 있는 애드벌룬, 역전 광장에서 담배를 피우고 있는 사람의 광고에 이르기까지 거의 대부분이 움직이도록 연구하여 사람의 눈을 끌게 만들어지고 있다. 광고업자는 그를 위해서 엄청난 돈을 아낌없이 사용하고 있다.

영화나 연극 배우도 관람하는 사람들의 마음을 사로잡을 수 있는 동작을 연구하며 몇 시간이고 그 동작을 연습한다.

동작을 싱싱하게

동물이나 광고업자나 연극으로부터 틀림없이 무언가를 얻었을 것이다. 동작에 의하여 훨씬 매력적이고 재미있는 인간이 될 수 있는 것이다.

움직임에 의하여 비로소 당신의 힘, 생각, 그리고 열의를 사람들에게 전할 수 있다. 움직이지 않고 가만히 앉아만 있으면서 불타는 열의와 투지의 화신이라고 말해 보았자, 아무도 믿어주지 않는다. 내부에 열의가 용솟음 치고 있다면 그것을 행동으로 표현하라. 눈에 보이지 않는 열의라는 것에 의미를 갖게 하려면 모양으로 나타내어 외부에 알리지 않으면 안 된다. 잠자는 사자도 눈을 뜨고 움직이지 않으면 위용을 발휘할 수 없는 것이다.

당신이 전혀 움직이지 않는 사람이라면 누구나,

"이 친구는 전혀 투지가 없다. 재미가 없는 친구다."

라고 믿어 버릴 것이다. 그리고 말을 걸어오지도 않게 된다.

마치 동물원의 동물과 마찬가지로 '시시하다'고 거들떠 보지도 않고 다들 앞을 그대로 지나쳐 버릴 것이다.

어느 날 나는 친구로부터 인간의 움직임과 그 반응에 대한 설명을 들었을 땐 무척 놀랐다. 그는 학생을 평가하기 위해 사용하는 설문에 대해 이야기하여 주었다. 이 조사는 먼저 학생들에게 자신이 호감을 갖고 있는 다섯 사람의 이름—친구이건, 선생님이건, 이웃사람이라도 좋다.—을 제출하게 했다. 그리고 나서 학교측은 학생이 제출한 다섯 사람에게 설문 용지를 비밀리에 보냈다. 이 설문에는 학생의 성격이나 인간성을 테스트하는 22개 항목의 질문이 있고, 다섯 사람이 대답을 써서 학교에 무기명으로 보낸다는 방법으로 했다.

나의 친구는 이러한 설문에 대한 분석 결과를 이야기해 주었다. 먼저 학생의 50% 이상이 아주 움직임이 적은 인간으로 평가되었으며, 움직임이 적은 학생은 매력적인 인간성을 형성하는 여러 요소에도 낮은 평가밖에는 받지 못했던 것이다.

이것은 대단히 재미있는 결과이며 놀라운 사실이었다. 활달하게 동작하지 않으면 자기가 호감을 갖고 있는 사람들에게까지도 '저 친구는 유쾌한 친구다. 게다가 투지도 있다.'라는 이미지를 줄 수 없고 또 주목도 받지 못한다는 것을 증명한 것이다.

'그런 것은 거짓말이다. 결론을 너무 서둘고 있다. 그런 가설은 성립되지 않는다'고 반론하는 사람도 있을지 모른다. 그러나 이것이 현실인 것이다.

다른 사람의 생각을 바꾸려는 것과 같은 바보스런 노력보다는 자기 자신을 개선하는 게 쉽고도 편한 것이다.

좀더 활력있게 움직여서 만나는 사람들에게 열의와 친절을 전하는 것, 자신의 매력을 표현하는 데에 있어서 이것보다 더 한 방법은 없다.

그러한 움직임을 익히기 위해 다음을 제안하고 싶다.

(1) 의자에 앉은 채로 하는 제스처 놀이

당신은 제스처 놀이를 알고 있는가? 그것은 노래의 제목이나 가사를 몸짓과 손짓으로 해 보이면 다른 사람이 맞히는 게임이다. 나는 팔걸이 의자에 앉아 제스처 놀이를 하라고 제안한다. 30일 동안 계속하여 보라. 동작이 활발한 사람으로 바뀌는 것을 보증한다.

어느 가정에서나 저녁 식사를 한 뒤, 한 시간 동안 서로 "오늘 하루는 어떠했느냐"고 다 같이 이야기하는 것이다.

그 때 입으로 말하는 대신에 의자에 앉은 채로 손짓으로 설명하여 보라. 그리고 친구들이나 가족에게 무엇을 설명하고 있는지 알아맞히게 하라. 1주일이나 2주일 동안 이것을 계속 하면 손으로 사물을 묘사하는 솜씨가 틀림없이 능숙하게 된다.

평소의 회화에서도 동작이 이전 보다 훨씬 많아진다. 손이나 팔의 동작을 사용하여 강조하고 싶은 것이나 구체적으로 묘사하고 싶은 것을 스무드하게 표현하게 되며 생각이나 의견을 보다 바르게 명확히 전할 수도 있게 된다.

(2) 거울이여, 가르쳐 다오, 세계에서 가장 열의있는 이는 누구?

이제부터 1주일 동안 거울을 보면서 다음 가운데의 하나를 제스처로 해 보라.

① 주택복권에 당첨된 것을 가족에게 알려 주는 제스처.

② 오늘부터 승급한 것을 상사에게 감사하는 제스처.

③ 영화를 본 후의 감상을 친구에게 이야기하는 제스처.
④ 축구나 야구시합에서 좋아하는 팀을 응원하는 제스처.
⑤ 2억원의 유산을 상속 받아 그 돈을 쓰는 것을 친구에게 설명하는 제스처.
⑥ 크리스마스 선물을 뜯어보고 있는 어린이의 얼굴 표정을 흉내내는 제스처.
⑦ 세계에서 가장 투지있는 얼굴이라고 상금 1,000만원을 받고 기뻐하는 제스처.

이상 열거한 제스처를 일상 생활에 서슴지 말고 채택하라. 분명하고 밝은 표정의 세련된 개성이 태어날 것이다.

매일 아침 거울을 보고,

"거울이여 나에게 가르쳐 다오. 이 세계에서 가장 열의있는 이는 누구?"

라고 물어 보라. 이때 거울이 "그것은 당신입니다."라고 즉석에서 대답한다면 멋진 일이 아닌가. 이렇게 되면 가령 지나치는 사람에게도 순간적으로 열의를 전할 수 있다. 대중 앞에서도 혼자서 눈부신 인상을 줄 수 있게 된다.

투지있는 인간이 되기 위해 다음을 행동으로 옮겨 보라.

(1) 액셀을 밟을 것—적극적이고 긍정적인 생각을 가질 것

확고하고 진취적인 생각을 가지고 액셀을 밟을 것. 당신을

격려하는 말을 늘 당신에게 말할 것. 아침 일찍 일어나서 처음으로 하는 일부터 밤에 잠잘 때까지 줄곧 열의를 가질 수 있도록 훈련할 것. 비록 1분 동안이라도 열의를 가지고 일을 할 수 있게 되면 그 감각을 중요하게 할 것. 그리고 하루, 한 달, 1년으로 그 열의를 지속하는 훈련을 하는 것이다.

(2) 가솔린에 내폭제를 넣을 것—흥미, 관심을 가질 것

열의를 내기 위한 내폭제는 흥미를 갖는 것이다. 사물에나 사람에게나 장소에나 강렬한 관심을 나타내도록 하자. 흥미를 가지려면 다음이 필요하다.

① 호기심을 가질 것

어떤 일을 알면 알수록 흥미는 솟아나게 된다. 호기심은 사물을 알기 위한 첫걸음이다. 호기심 많은 사람이라는 비웃음에 개의치 말 것.

② 집중할 것

집중하지 않고 흥미를 갖는다는 것은 있을 수 없다. 집중력을 기르라. 자기가 선택한 것에 촛점을 맞추라. 집중력을 길러 에너지를 한 방향으로만 밀어 내게 하라.

③ 자기의 이익을 생각할 것

자기에게 득이 되는 것에는 무의식적으로 흥미를 갖는 것이다. 그러므로 일, 인간, 가족, 그 밖의 일에 흥미를 갖는 것이 당신의 커다란 이익이 된다는 사실을 이해하라.

(3) 가솔린 속에 있는 모래를 제거할 것—소극적이고 부정적인 생각을 버릴 것

① 자기 연민, ② 불평, ③ 비평 등 모터를 파손하는 모래를

재빨리 제거할 것. 부정적인 생각이 있는 한 적극적인 생각도 열의를 불태울 수는 없다.

(4) 활발한 동작을 가질 것—제스처 게임을 할 것

홍분이나 열의를 다른 사람에게 전할 수 있을 때까지 가족이나 거울 앞에서 동작을 연습하라. 인간성은 활기에 넘치고 박력이 증가해 갈 것이다. 열의를 가짐으로써 당신은 많은 보수를 얻을 수 있다. 생각이 열의에 넘치고 행동도 투지에 넘치면 감정적으로도 열의가 배가 된다. 살기 위한 에너지가 활활 타오르게 되며, 기분도 훨씬 상쾌하게 되고, 건강하게 되며, 언제나 '상태가 좋게' 된다.

그리고 새로운 당신, 참다운 '당신 자신'으로 바뀌어 태어나게 되는 것이다.

매력있는 인간을 위한 aphorism ②

물같이 행동함이 필요하다.
방해물이 있어도 물은 거침없이 흐른다.
뚝이 있으면, 물은 머문다.
뚝을 헤치면 물은 다시 흘러 내려간다.
물은 둥근 그릇에나 모진 그릇에나
모두 한결같이 따른다. 이러한 성질이 있기 때문에
물은 다른 무엇보다도 융통 자재로운 것이며,
가장 힘이 센 것이다.
—노자—

제3장

인화를 유지하는 세 가지 스텝

남의 작은 잘못을 책하지 않는다.
남의 비밀을 폭로하지 않는다.
남의 구악(舊惡)을 생각하지 않는다.
-채근담-

인화를 유지하는 세 가지 스텝

이 장에서는 인생의 모든 면에서 당신을 성공할 수 있게 하는 말을 소개한다.

인간관계, 세일즈, 비즈니스, 가정생활 등에서 성공하기 위한 말—다른 어떠한 긴 말보다도 도움이 되는 말이다.

이 말은 마법의 말이다. 충실하게 그대로 행동하기만 한다면 당신은 두드러지며, 사람들로부터 인정받게 된다.

인생을 출발하는 젊은 세대에게 충고를 해야 할 때가 있을 것이다. 그런 때에는 이 말을 가르쳐 주라. 그리고 청년들의 성공을 빌고 남보다도 뛰어나도록 격려해 주라.

스텝 ①

마법의 말

그 말이란 다음의 한 마디이다.

"그 걱정거리는 저한테 맡겨 주십시오."

안심감을 주는 여운이 좋은 신선한 말이다.

내가 처음으로 이 말을 들은 것은 제2차 세계대전 직후의 일이었다. 한 부동산 세일즈맨에게서 들은 것이다.

어떤 사람이 이 세일즈맨에게 전화를 걸어 무척 복잡한 부동산 문제를 걸머지고 있는데, 어떻게 하면 해결할 수 있느냐고 물어 왔다. 그때 이 세일즈맨은 그 자리에서 이렇게 대답했다.

"그 걱정거리는 저한테 맡기십시오. 몇 군데 짐작이 가는 데에 전화를 걸어 당신에게 필요한 정보를 조사해 봅시다. 알게 되면 곧 전화를 올리지요."

이렇게 해서 아주 간단하게 그 사람의 무거운 짐을 덜어 주었다. 이 세일즈맨은 뒤에 몇 억원이나 되는 큰 일들을 몇몇 처리하게 되었다.

당신은 가아시어에 메시지를 전한 사나이의 이야기를 알고 있을까? 미국과 스페인 사이에 전쟁이 발발했을 때의 일이다. 맥킨레이 대통령은 폭도의 지휘자 가아시어와 아무래도 연락을 해야 할 필요를 느꼈다. 그러나 가아시어의 거처에 대해서는 쿠바의 산 속 깊숙한 어느 곳에 있다는 사실 이외에는 아무도 알고 있지 못했다.

"이 메시지를 가아시어에게 전하라."

명령을 받은 젊은 장교 앤들 로우원은 자신의 지혜와 행동으로써 끝내 가아시어에게 소중히 싼 메시지를 건넸던 것이다.

이것은 "그 걱정거리는 저한테 맡기십시오."라는 말을 실증한 사나이의 멋진 이야기이다.

이 말의 작용

나는 수많은 사람들이 이 말을 사용하여 성공하는 것을 목격해 왔다. 세일즈맨은 고객한테 세일즈하기 위해 사용하며, 또 다른 사람은 비즈니스상의 갖가지 불만을 처리하기 위해 사용하고 있다. 혹은 좀더 적극적인 마음가짐을 다지는 수단으로 사용하고 있는 사람도 있다.

하나의 전형적인 예로 밤에 열린 회합에서 몇 차례 만난 일이 있던 엘렌 보이어의 이야기를 하겠다. 우리 회원들은 이 말을 다른 상황에는 얼마나 응용할 수 있는지 상의하고 있었다.

그때 엘렌이 이 말을 어떻게 사용했는지 모두에게 보고해 주었다. 그녀는 어느 커다란 기업의 타이프실에서 일하고 있었다. 어느 날 점심시간의 쉬는 시간에 중역 한 사람이 방에 들어와서 오전 중에 타이프를 부탁한 편지는 어디에 있느냐고 물었다. 상사는 마침 점심시간으로 외출 중이었다. 그래서 중역은 눈에 띈 두 여성에게 물었으나 알 길이 없어 마침내 엘렌에게 왔다. 이때 엘렌이 대답했다.

"그 편지는 알지 못합니다. 하지만 상무님, 그 편지를 저한테 맡겨 주십시오. 제가 찾아서 될 수 있는 대로 속히 가져다 드리겠습니다."

그리고 그 편지를 가지고 갔을 때 중역은 무척 기뻐했는데, 놀랍게도 엘렌은 4주일이 지난 후 높은 자리로 승진을 했다.

그녀를 적극적으로 추천했던 사람은 편지를 찾던 중역이었다. 그녀의 상냥하고 민첩한 일처리가 중역의 머리 속에 강렬하게 인상지어진 것이다.

너무 편안하다

오늘날 우리들은 사상 최고의 생활 수준에 도달하고 있다. 세탁기, 텔레비전, 자동차, 전기 통조림따개, 자동 접시닦개, 차고에 다는 도어의 리모콘, 그 밖에 힘을 덜어주기 위한 장치가 얼마든지 갖추어져 있다. 과거의 어느 시대와 견주어도 이렇게 풍부한 시대는 없다. 조상들이 꿈꾸고 있던 것 이상의 레저를 즐길 수 있게 되었으며, 노동 시간도 단축되었고, 정년도 앞당겨졌다.

이것은 모든 사람의 소망이었다. 그러나 여기에 한 가지 문제가 일어났다. 이것들은 어느 것이나 생활을 너무 용이하게 하고 쾌적하게 했다. 모르는 사이에 자기의 일이나 생활 방식까지도 될 수 있는 대로 안이하고 쾌적한 것으로 하려고 생각하기 시작한 것이다.

그 결과 다음과 같은 말이 거침없이 사용되게 되었다.

"그것은 제 담당이 아닙니다."

"세 시간 뒤에 다시 전화해 주십시오."

"그것은 어디에서 조사하면 됩니까?"

"일용품 판매대나 식료품 판매대에 가 보시면 어떻습니까?"

"그것을 하려면 얼마나 시간이 걸립니까?"

"잠깐, 지금 바쁩니다."

"그것은 존슨 씨의일입니다. 그 사람한테 가 주십시오."

"도움이 되지 않는군요."

"도서관에 가 보셨습니까?"

"여기에서는 그런 것을 다루지 않습니다."

이런 유형의 말은 얼마든지 꼽을 수 있을 것이다.

책임 전가

한 달쯤 전에 나는 어떤 백화점으로 쇼핑을 하러 갔다. 목표로 한 판매대에 가보니 점원이 "여기에는 없는데요."라고 다른 판매대를 가르쳐 주었다.

그런데 결국 차례로 판매대를 네 군데나 헤맨 끝에 겨우 사려던 물건을 찾아낼 수 있었다.

"책임 전가의 최종 지점은 여기!"

해리 트루먼 대통령이 자신의 집무실에 게시하였듯이 이런 팻말을 누군가 어딘가에 걸어 주면 얼마나 고마운 일일까?

즉 여기가 최종 지점이다. 책임을 전가하여 다른 사람 탓으로 돌리는 것은 이만 끝내자.

이 말을 실험하자

당신도 자기라는 인간을 특별히 매력적으로 하고 싶으면 이 마법의 말을 시험해 볼 일이다.

아침에 집에서 나오기 전에 부인에게 저녁식사는 무엇이냐고 물어 본다. 부인이 "아직 정하지 않았는데요."라고 대답하면 "그럼 가끔 내가 해 줄까? 돌아올 때 깜짝 놀랄 만한 물건을 사다주지."라고 말하라.

당신의 상사가 "거래처에 발송할 서류는 어찌 되었는가?"라고 물으면 이렇게 대답해 보라.

"저는 모르겠습니다. 하지만 맡겨 주십시오. 곧 조사해서 알려 드리겠습니다."

또 당신의 손님이 전화로 불평을 하거나 난처한 일을 당했다고 말해 올 때는 이렇게 말하라.

"지금 당장은 대답할 수 없습니다만, 어쨌든 저한테 맡겨 주십시오. 무언가 좋은 해결책을 찾아서 곧 전화 올리겠습니다."

당신도 가아시어에게 메시지를 전해 보라. 가장 효과적인 즐거운 여운을 남기는 말을 사용해야 한다. 꾸준히 연습을 쌓아 습관이 되게 하라.

매력적인 인간이 되고 싶으면 어떠한 찬스도 놓치지 말고 이렇게 말하라.

"그 걱정거리는 저한테 맡겨 주십시오."

스텝 2

남의 약점을 허용할 것

에이브라함 링컨의 부인은 무척 성미가 급하고, 인내력이 없는 것으로 유명하다. 어느 때 링컨의 친구가 일을 가지고 찾아와서 상의하고 있었다. 그때 부인이 뛰어들어 와서,

"부탁해 둔 일을 하셨습니까?"

하고 물었을 때 링컨은 "시간이 없어서 아직 못했다."고 대답했다. 그러자 부인은 노발대발하며 남편을 나무라기 시작했다. 자기보다도 다른 일을 더 중히 여기고 있다고 화를 내면서 문을 쾅 닫고는 방을 뛰쳐 나갔다.

친구가 깜짝 놀라는 것을 보고 링컨은 웃으면서 말했다.

"저렇게 한번 폭발을 해야 아내의 기분이 풀립니다. 그래서

아내가 하고 싶은 대로 그냥 내버려 두는 편이 나도 마음이 한결 편안해 집니다."

미국이 낳은 위대한 인물 링컨은 인간을 매력적으로 하는 둘째의 법칙을 멋지게 행동으로 옮기고 있었다.

한 걸음 더 나아가서 생각해 보자. 사람들은 힘이 모자라기 때문에 당신의 도움을 구하고 있는 것이다. 약점을 가지고 있기 때문에 당신이 필요한 것이다.

중요한 교훈이므로 다시 한 번 되풀이한다.

사람들은 강하지 못하기 때문에 당신을 구하고 있다. 약점을 가지고 있기 때문에 당신이 필요하다.

로마의 위대한 황제 말크스 아울렐리우스는 이렇게 말했다.

"사람들은 손과 발처럼 그리고 윗니나 아랫니처럼 서로 협력하지 않으면 안 된다."

자기가 가지고 있는 것을 보충하기 위해 사람들은 서로를 필요로 하고 있다. 링컨 부인이 분노를 터뜨렸을 때, 그녀에게는 성질이 급하다는 약점을 받아들여 주는 남편이 필요했다.

분명히 그녀의 행동은 옳은 것이 아니었다. 그러나 그것은 그녀의 어쩔 수 없는 약점이며 '맹점'이었다. 남편인 링컨은 이것을 알고 있었고, 폭발하는 찬스를 주기 위해서 자기가 절대 필요하다는 사실도 알고 있었던 것이다.

다른 사람의 약점을 보충한다

자동차 부품 메이커의 영업부장을 지내고 있는 친구와 점심을 같이하고 있을 때, 친구가 별안간 말을 꺼냈다.

"지금 하고 있는 일을 그만두려고 하네. 사장은 자수성가로

창업한 사람이기 때문에 독선적이야. 또 현대감각에 둔감하기 때문에 새롭고 근대적인 공장이 있고, 해외에 지점도 내고 있지만 허울만 좋았지 그것을 이용할 줄을 몰라. 사장이 말을 알아 듣지 못하는 사람이니까 우리들이 생각하고 있는 마케팅 같은 것은 이해하려고도 하지 않아. 그러면서도 내가 하는 일에는 사사건건 비판만 해대는 거야. 그래서 다른 회사로 옮길까 생각하고 있는 중이야."

그래서 나는 이렇게 말했다.

"자네가 가지고 있는 불만이야말로 사장이 자네를 필요로 하고 있는 증거가 아닌가. 사장은 마케팅에 관해서도 알지 못하며 의사 결정도 할 수 없어서 영업활동이 어렵다고 생각했기 때문에 자네가 필요한 게 아닌가?"

그리고 나서 몇 개월 동안, 그와는 만나지 못했다. 그런데 어느 날, 전화가 와서 함께 식사를 하자고 말해 왔다.

그는 만나자마자 이렇게 말했다.

"이사(理事)로 승진했네. 자네한테서 그 이야기를 들은 뒤 그 말이 옳다고 생각해서 다음날부터 그때까지의 내가 한 일을 돌이켜 보았네. 그리고 나는 사장과의 벌어진 틈을 메꾸고, 사장의 약점을 메꾸기 위해 일했네. 그러자 사장도 그것을 알아차린 모양인지 내가 하는 일을 인정해 주더군그래."

이 친구는 회사에서 자기가 필요한 인간이라는 것을 깨달았기에 사람을 즐겁게 할 줄을 알게 되었고 크게 승진한 것이다.

나는 수업을 하면서 수강생한테서 배운 것을 그대로 넘겨 주는 것에 불과했다.

나는 언제나 수강생들에게 자기의 상사가 잘못하고 있는 점을 기록하라고 말하고 있다.

수강생들은 기뻐서 어쩔 줄을 모르면서 기록해서 내놓는다. 마치 샴페인 병을 잘 흔든 다음 병마개를 땄을 때처럼. 그러나 거품이 사라진 다음 냉정하게 불평불만을 분석해 보면 답은 항상 같다. 상사를 가장 기쁘게 하는 선물은 나로 인해 자신의 약점이 보충되고 있다는 것을 깨닫게 하는 것이다. 이 이상 상사를 기쁘게 하는 것이 없다.

나는 아내를 사랑하고 있다. 그 까닭의 하나는 내가 약점을 가지고 있기 때문이다.

나는 주제넘고, 또 무엇이나 내가 생각하는 대로 되지 않으면 마음이 놓이지 않는 성미이다. 하지만 지금은 이것이 내 결점이라는 것을 자각하고 있다. 그래서 언제나 이 점을 누르려고 노력하고 있다.

아내는 나한테 억제하라고 말한 적은 한 번도 없다. 언제나 나를 뽐내게 해 준다. 아내는 비판하려고 생각하면 비판할 수 있다. '당신은 한 번도 나를 기쁘게 해 주지 않는다.'라고 불평하려고 생각한다면 아무 때라도 할 수 있다. 그러나 그렇게 하는 대신에 아내는 나의 약점 때문에 나를 사랑하며 내가 필요한 것처럼 행동하고 있다. 나로서는 그렇게 생각된다. 그 보답으로 그녀는 나한테서 감사하는 마음과 애정을 받고 있다. 그렇기 때문에 그녀는 좋은 아내이며 기분이 좋은 여성이다.

당신은 언제나 사회에서 필요로 하고 있는 인물이다

건강한 때에는 의사가 필요없다. 병이 났을 때 건강을 회복하기 위해 의사를 필요로 하게 된다.

식료품이 떨어지면 식료품점으로 간다. 수채가 메거나 수도꼭지가 고장나면 수도공사를 하는 사람에게 '고맙군'하는 마음이 생긴다. 차가 고장났을 때엔 수리공에게 감사한다.

이와 같이 상대방의 필요성을 충족시키고 약점을 보완해 주면 모두 당신에게 감사하는 것이다.

이것이 매력적인 인간이 되기 위한 둘째 스텝이다.

당신의 상사, 부인이나 남편, 친구, 동료, 손님, 누구나 완전한 인간이 아니다. 길에서 지나치는 사람도 모두 완벽한 인간이 아니다. 이것을 잘 알아 두기 바란다. 다들 당신을 필요로 하고 있다.

약점을 보충 받음으로써 사람들은 당신에게 감사하고 당신에게 매력을 느끼는 것이다.

스텝 ②는 다른 사람의 약점을 허용하는 것이다.

한 걸음 더 나아가서 '사람들이 당신을 필요로 하는 것은 자기가 강하기 때문이 아니라 약점을 가지고 있기 때문이다.'라고 깨달으라.

선택권은 당신의 것

어느 날 능력개발 컨설턴트 회사를 경영하는 친구와 아침 식사를 하기 위해 호텔 커피숍에 들어갔다. 나는 그때 비행기를 타려고 서둘고 있었기 때문에 시간이 별로 없었다. 커피숍은 무척 붐비고 있었으며, 2, 3분 동안 앉아서 기다려도 웨이트리스는 거들떠 보지도 않는다.

그러자 친구가 웨이트리스를 불러 세우고,

"아가씨, 주문을 받지 않겠어요? 좀 급한데."

라고 말했다. 이윽고 그녀는 이쪽으로 와 주었으나 태도가 너무 심했다. 아주 무뚝뚝하고 주문을 다 받기도 전에 바쁘다고 투덜거리며 곧 가버렸다.

그러자 친구는 나한테 말했다.

"기분이 별로 좋지 않군. 하지만 입장을 바꾸어 보면 어떨까. 저 웨이트리스는 감정적으로 초조해 하고 있는 게 틀림없어. 하지만 그런 기분을 가지고 있는 것이 그녀뿐이라고 한다면 어떨까? 문제가 몇 가지 있다고 생각하나?"

"하나이지. 그녀의 문제뿐이야."

"그렇지만 만일 나도 그녀와 똑같이 초조해 하고 있으면 문제가 몇이 있게 되지?"

"둘이지. 그녀와 자네지."

"맞았어. 그래서 문제를 하나로 하느냐 둘로 하느냐는 내가 선택하기에 달린 거지."

선택은 어떤 경우에도 당신이 하는 것이다. 화가 나서 떠드는 경우에도 당신은 이 선택을 할 수 있다. 문제가 되는 당신 자신을 제외하면 문제의 50%는 해결한 것이 된다.

자, 다음은 매력적인 인간이 되기 위한 세번째 스텝이다.

스텝 3

비난을 받도록

오스트리아의 정신과 의사 빅터 프랭클 박사는 제2차 세계대전 중에 오랫동안 나치 수용소에 수용되었다. 가족들은 수용소의 가스실에서 죽음을 당했으며, 그 자신은 잔인한 고문으로 고통을 받았다. 그럼에도 불구하고 그는, 《삶의 보람을 찾아서》라는 저서 가운데에 이렇게 쓰고 있다.

"수용소에 수용되어 있던 사람들 가운데는 다른 사람을 위로하며 자기의 마지막 빵 한 조각을 나누어 주면서 오두막 안을 돌아다니는 몇몇 사람들이 있던 것을 기억하고 있다. 비록 수는 적었으나 그들은 인간으로부터 모든 것을 제거할 수 있어도 단 한 가지만은 제거할 수 없다는 사실을 실증하고 있었다. 즉 인간에게 주어진 최후의 자유—어떠한 경우에 처하더라도 자기의 생활 방식을 선택하는 자유—는 제거할 수 없다는 것을 실증하고 있었던 것이다.

수면부족, 불충분한 음식, 그 밖의 정신적인 압박과 같은 조건에 따라 인간이 어떤 종류의 반응을 나타낸다는 것은 인정할 수 있다. 그러나 최종적으로 분명히 말할 수 있는 것은 수용자가 어떠한 인간이 되느냐 하는 것은 수용소의 영향에 의해서만 결정되는 것이 아니라, 그 인간의 내부에서 하는 결심에 따라 결정된다는 사실이다. 그러니까 인간이 아무리 고통스런 상황에 놓이더라도 자기가—지적으로나 정신적으로도—어떠한 인간이 되느냐를 선택할 수 있다."

이것이 중요한 점이다. 다른 사람이 당신을 아무리 부당하게 다루더라도, 아무리 불공평하게 다루더라도 당신의 태도를 결정하는 것은 당신이다. 독설과 분노와 보복과 조소를 선택하면 당신은 싫은 인간으로 되고 말 것이다.

그러나 당신이 상대방의 무례와 책망과 부정에 조용히 감수할 것을 선택한다면(어느 쪽도 이것은 수용소에서 일어난 일보다도 훨씬 낫다고 생각한다) 당신은 인내와 신중이라는 원칙을 선택하고 있는 것이다. 그리고 이와 같은 인간성만이 모든 사람의 존경을 획득하고 찬양의 표적이 되는 것이다.

당신은 군중이 예수를 고소했을 때의 일을 알고 있는가? 장로(長老), 제사(祭司) 등이 쫓아와서 "당신이 하나님의 아들인가?"라고 물었다.

예수는 그저 "그렇다."고만 대답했다.

그리고 조금 지나서 본디오 빌라도가 "당신이 유태인의 왕인가?"라고 물었을 때도 예수는 다시 "바로 그대로이다."라고 대답했다.

예수는 완강히 부정하거나 자기를 정당화하기 위한 변명을 늘어놓지 않았다. 마음이나 행동을 정하고 긴장해 있는 사람들과 감정적으로 다투더라도 무익하다는 것을 알고 있었던 것이다. 이때 다른 행동을 취하고 있었다면, 자기 자신을 낮은 차원으로 끌어내리게 되었을 것이다. 그것은 하나님을 조소하고 있는 사람들과 같은 차원으로까지 끌어내리는 것과도 같다.

석가도 그 자신에게 악의를 품고 있는 사람들을 길 가운데서 만났을 때, 이와 같은 태도를 취했다. 사나이가 숨을 돌이키기 위해 이야기를 중단할 때까지 조용히 기다려서 이렇게 말했다.

"만일 당신이 누군가에게 무엇인가를 주려고 했는데 상대방이 거절했다면 그것은 누구의 것이 됩니까?"

"주려고 했던 사람의 것이겠지요."

"그럼, 당신의 그 책망과 욕을 거절합시다."

석가는 이 말을 남기고 묵묵히 제 갈길을 갔다.

자, 문제는 몇 가지 남았을까? 바로 석가를 조소한 사람의 것 하나가 남은 것이다.

정복되지 않는 요령

어느 도시에 한 변덕스런 소녀가 살고 있었다. 이 소녀는 다른 어린이의 사소한 잘못에도 화를 내곤 했다.

어머니는 이 소녀가 성장해 감에 따라 몇 번이고 기억할 수 있는 말을 가르쳤다.

"성난 상대자에 의하여 너는 반드시 정복되고 말아요."

이 소녀는 성장하여 시스터 케니 재단을 창설한 그 장본인이다. 이 재단은 소아마비에 걸린 수많은 사람들을 돌보게 되었다. 그러나 그녀의 인생은 항상 격렬한 논쟁과 통렬한 비판을 받고 있었던 것이다.

당신은 자기의 분노와 감정적인 반감을 누름으로써 정복되는 것을 피할 수 있다.

만일 누군가 부정을 저지르고 있다면 그 보답으로 애정을 주라. 이것은 석가가 한 말과 같은 생각을 나타내고 있다.

현실을 직시해 보자. 당신은 살아 있는 동안에 의도가 좋지 못한 험담이나 비난, 사려없는 행위에 직면하게 될 것이다. 그 대부분은 당신 자신, 즉 자기에게는 부당하다고 생각하고 있다. 그러나 어떻게 처리하느냐는 당신이 결정할 일이다. 눈에는 눈이라고 생각하여 하루하루의 생활이나 자기 자신을 비참하게 할 수도 있다. 감정적으로 되어 화를 내고 복수심으로 대등하게 함께 싸우는 것도 당신의 자유이다.

또 사람의 행동이나 부당한 호소는 컨트롤할 수 없지만, 자기의 반응은 컨트롤할 수 있다고 깨닫는 것도 당신 자유이다.

어떤 태도를 선택하느냐 하는 것은 당신이 결정할 일이다. 스텝 3 이 당신에게 부당하다고 생각되더라도 무례와 책망과 부정을 감수하라는 말에 따름으로써 다른 사람의 존경을 받을 수 있는 것이다.

이 룰의 힘은 바로 허용의 힘인 것이다. 그것은 이런 식으로 말할 수도 있는 것이다.

"허용한다는 것은 무엇인가?"

이러한 질문을 받았을 때, 어떤 소년은 이렇게 대답했다.

"꽃이 짓밟혔을 때에 감도는 그 달콤한 향기에요."

인화를 유지하는 다음 세 가지 스텝을 명심하라.

(1) "그 걱정거리는 저한테 맡겨 주십시오."라고 말할 것
(2) 남의 약점을 허용할 것
(3) 비난을 받더라도 감정적인 대응을 피할 것

매력있는 인간을 위한 aphorism ③

가장 범하기 쉬운 과오는
남을 착한 사람, 악한 사람 또는 어리석은 사람,
똑똑한 사람 등등으로 구별하는 그것이다.
인간이란 강물과 같이 흐르고 있는 존재이다.
끊임없이 변화하면서 제각기의 길을 걸어간다.
인간의 내부에는 모든 가능성이
내포되어 있다. 바보라도 똑똑하게 될 수 있으며,
악인도 선인이 될 가능성이 있다.
그 반대도 마찬가지다.
이 점에 인간의 위대성이 있는 것이다.
우리는 어떻게 타인에게
결정적인 판단을 내릴 수 있겠는가?
그는 이러저러한 사람이라고
판단을 내렸을 때, 이미 변해져
있을 것이다.

제4장

상대방으로 하여금 협력케 하는 법

다른 사람에게
친절하게 하고 싶지 않을 때야말로
가장 친절하게 대하라. 꽤 힘든 일이지만
위대한 인물은 한결같이 이것을 실행하여
위대하게 되었다.

—본문 중에서—

제4장

상대방으로 하여금 협력케 하는 법

남편으로서, 아내로서는 낙제생인데도 훌륭한 결혼생활을 하고 있는 사람이 있을까?

지기만 하는 팀의 멤버로서 국가 대표 팀의 멤버가 되는 사람이 얼마나 있을까?

도산(倒產) 직전에 있는 회사에서 일하고 있으면서 성공한 사람이 몇 사람이나 있을까?

항상 지기만 하는 팀인데도 코치가 훌륭하다는 예가 얼마나 있을까? 어느 것도 성공과는 거리가 먼 이야기다.

협력함으로써 성공한다

당신의 결혼생활이 잘 되어 가는 것은 당신이 위대하기 때문만이 아니다. 그것은 당신의 남편이나 아내가 그 임무를 훌륭하게 해 내고 있기 때문이다.

국가 대표 팀이 막강한 것은 그 한 사람 한 사람이 팀을 이루고 있기 때문이다.

일이 잘 되어 가는 것은 전 사원이 자기의 회사가 잘 되었으면 하고 생각하면서 일하기 때문이다.

또한 코치가 우수한 것은 바로 이길 수 있는 선수들을 길러냈기 때문이다.

수상 비행기(水上飛行機)가 물 위에 떠서 날아가는 것을 본 일이 있는가? 수상 비행기가 움직이면 전방에 파도가 인다. 비행기가 스피드를 내기 위해서는 앞에서 이는 파도와는 반대 방향으로 프로펠러를 돌리지 않으면 안 된다.

프로펠러의 작동으로 발동기의 회전력을 추진력으로 변화시켰을 때 수상 비행기는 떠오를 태세가 된 것이다. 이제 약간의 힘과 활주(滑走)만으로 충분하다는 뜻이다.

인간도 마찬가지다. 자기의 앞에 있는 사람들을 밀어제치고 성공하려고 하는 사람이 많다.

경쟁을 하며 싸워서 이기려고 한다. 이러한 사람들은 다른 사람들을 언제나 장애물로 생각하고 있다. 자기가 성공하는 데에 방해가 된다고 생각한다.

다른 사람에게 거역하는 것을 중지하고 파도를 타기만 하면, 아주 약간의 노력만으로도 뛰어오를 수 있다는 사실을 모르고 있는 것이다.

내가 알고 지내는 어떤 회사의 중역이 상사의 지위를 노리고 있다고 말한 후 이렇게 덧붙였다.

"하지만 자네가 생각하고 있는 것과 같은 그런 방법으로 상사의 지위를 빼앗으려고 생각하고 있는 것은 아니네. 단지 나는 상사를 도와서 성공하도록 해 주는 걸세. 그렇게 하면 회사에서는 그를 승진시켜 줄 게 아닌가? 그 다음에 그 빈 자리를 내가 차지한다는 뜻이지."

그리고 놀랍게도 그는 그대로 일을 해 냈던 것이다.

이것은 5년 전의 이야기이지만 그는 두 번이나 승진했다.

방법 1

다른 사람의 성공을 도와라!

다른 사람의 성공을 도우면서 당신 자신도 매력있는 인간으로서 승진하기 위한 세 가지 방법.

(1) 찬성할 수 없는 생각이라도 상대의 생각이 잘 되도록 노력할 것

우선 당신이 친구와 함께 영화를 보러 가기로 했다고 가정하자. 당신이 보고 싶은 영화와 친구가 보고 싶은 영화가 다르다. 그러나 당신이 양보하여 친구가 보고 싶은 영화를 보러 갔다. 그렇게는 했지만 당신은 어쩐지 기분이 좋지 않다.

영화가 끝나고 나서 당신은 이렇게 말한다.

"역시 재미가 없었잖아. 내가 말한 것을 볼 걸 그랬어."

하지만 이 경우 당신은 즐기려는 노력을 전혀 하지 않았던 것이다. 친구가 보고 싶어하는 영화를 그저 덩달아 보고 있었다는 뜻이다.

당신도 젊은 왕자와 새로 고용한 가정교사의 이야기를 알고 있을 것이다. 여왕은 새 가정교사에게 이렇게 말했다.

"우리 왕자는 장래에 이 나라의 국왕이 됩니다. 그러니까 왕자가 좋아하는 것은 무엇이나 해 주지 않으면 안 됩니다."

2,3분 뒤에 왕자의 방에서 커다란 울음 소리가 들려 왔다. 여왕이 깜짝 놀라 달려가서 무슨 일이 있었느냐고 물었을 때 가정교사가 대답했다.

"여왕마마께서는 왕자님이 원하는 것은 뭣이나 해 주지 않으면 안 된다고 말씀하셨습니다. 실은 창가에 벌이 앉아 있었습니다. 그것을 보고 왕자님은 벌을 갖고 싶다고 말했습니다."

가정교사는 여왕의 의견 그대로 따름으로써 그 말이 잘못되어 있다는 것을 분명히 한 것이다.

이 사실을 기억해 두자. 항상 유연성을 잃지 않을 것. 다른 사람의 사고방식이나 방법이 개선될 수 있도록 도와 주라.

회사가 간부들의 반대를 무릅쓰고 새로운 일을 시작했다고 하자. 이것은 흔히 있는 일이다. 어떤 간부는,

"어떻게 되든 해 봅시다. 그렇지만 잘 되지 않을 걸로 생각합니다."

라고 말하고, 어쩌면 '잘 되지 않을' 것을 내심으로 바랄 수도 있을 것이다.

그러나 거꾸로 그 사고방식이 잘 되어 가는 경우가 흔히 있다. 그렇게 되면 반대하던 사람들은 탈락해 간다.

그러므로 당신의 의견과는 다르더라도 일단 다른 사람의 생각을 지지했을 때에는 최선을 다하여 그것이 잘 되어 가도록 노력하라.

(2) 다른 사람을 칭찬할 것

자기에게 방해가 되는 상대방이나 자기의 적을 감정적으로

대처했던 옛이야기를 당신도 몇 가지는 알고 있을 것이다.

어떤 무당은 그 적을 닮은 인형을 만들어 인형에 침을 꽂아 고통을 주었었다. 좋지 못한 소문을 만들어 적을 궁지에 몰아 넣기도 했다.

그러나 많은 사람들은 이 습관을 오늘날까지 계속 지녀오고 있다. 성공으로의 길은 다른 사람을 넘어뜨리는 것—즉 다른 사람에게 침을 꽂는 것—이라고 믿고 있다.

이러한 사고를 가진 사람들에게는 다음에 드는 엘버드 허버트의 말은 좋은 충고가 될 것이다.

"남을 위해 무엇을 할 때에는 마음으로부터 진실로 그 사람을 위해 정성을 다하십시오. 그 사람이 당신의 생활을 위해 급료를 지불하고 있다면, 그 사람을 위해 노력하고, 그 사람을 칭찬하십시오. 그 사람의 조직을 지지하십시오."

위기에 직면했을 때에는 10g의 충성심은 10kg의 지혜와 맞먹는 가치를 지닌다. 비록 싸움을 하고 사직하는 처지가 되더라도 그 조직의 일원인 한 험담을 해서는 안 된다.

(3) 다른 사람을 위해 당신의 지혜를 빌려 줄 것

교환함으로써 갑절이 되어 오는 것은 아이디어뿐이다.

아이디어의 제공자가 되라.

다른 이의 성공을 도울 아이디어를 늘 찾아 보도록 하라.

특허 사무소에는 사용해 보지 못한 수많은 발명이 쌓여 있다. 발명자들이 공표하지 않았기 때문이다. 공표하면 누군가가 자기들 보다도 득을 보지나 않을까 하고 걱정이 태산같다.

내 친구의 한 사람인 던 스펜서는 때때로 나 있는 곳에 아이디어를 보내 준다.

"자네가 활용할 수 있을 만한 아이디어를 보내네. 자, 이것은 자네의 것일세."

이렇게 쓴 쪽지와 함께 발췌한 것이나 카피가 든 봉투를 부쳐 온다.

이렇게 해서 이 친구는 아이디어 제공자로서 미국에서 많은 사람들에게 알려지게 되었다. 그가 근무하고 있는 노던 펌프 회사는 현재는 다른 사람들에게 지혜를 빌려 주고 원조를 주기 위해 그를 고용하고 있다. 던은 다른 사람에게 아이디어를 줌으로써 훌륭한 우정을 길러오고 있다.

다른 사람을 괴롭히는 비결

이것은 약간 초조하게 하거나 욕구불만을 일으키게 하는 방법과는 다르다. 참다운 정신적 고통을 주는 방법이다.

이 응징 방법은 통렬하다. 비난, 힐책, 부당한 비평, 조소, 멸시, 험담, 잔소리, 모욕, 야유 따위로 고통을 주는 방법보다도 훨씬 통렬하다. 왜냐하면 지금 열거한 것과 같은 고통에는 대처하는 방법이 있기 때문이다. 그렇지만 이제부터 서술하는 고통을 주는 방법은 매우 통렬해서 인간의 육체적, 정신적 건강을 파괴하여 버릴 정도이다.

그 방법이라는 것은 이렇다. 최대의 정신적 초조와 슬픔을 주고 싶으면 간단하다. 그 사람을 무시하면 된다.

다른 방법으로도 약간의 고통은 줄 수 있으나 참으로 상대방을 감정적으로나 정신적으로 산산조각이 되게 상처를 주고 싶다면 완전히 상대방을 무시하는 것이다.

고대 그리이스 사람들은 이 방법을 이용했다. 유죄로 선언된 인간에게 오스트라시즘*의 선고를 언도했던 것이다.

전후의 전쟁 고아원에서는 갓난애가 애정에 굶주렸기 때문에—즉 무시당했기에—실제로 죽어 버리는 예도 흔히 있었다.

코메디언 제리 루이스는 신문에서 자신에 대해서 비판을 받았을 때, 그 평론가의 비평에 대하여 텔레비전의 쇼 프로에서 이렇게 반론을 폈다.

"나는 이 비평가에게 될 수 있는 대로 최대의 고통을 주려고 생각합니다. 즉 여기서 그 사람의 이름을 대는 것을 보류하려고 생각합니다."

이것이 당신의 바라는 바인가

다른 사람을 무시하는 방법에도 많은 방법이 있다. 기분 나빠하거나, 변덕스럽게 행동하는 것도 다른 사람을 부정하는 방법의 하나이다. 때로는 복수심에 불타서 다른 사람을 무시하고 싶다고 생각할지도 모른다. 다른 사람을 비참한 기분이 되게 하고 싶은 일도 있을 것이다. 그렇지만 거기에는 문제가 있다. 즉, 당신 자신도 비참한 기분이 되어 버린다는 말이다.

또 당신이 그 사람을 무시하면 늦거나 빠르거나 간에 그 사람도 당신을 무시하게 된다.

그것이 도움이 되지 않는 이유

유감스런 일이지만, 말을 안 하거나 뽀로통한 태도를 취하면 일이 생각대로 되는 수가 있다. 당신도 어릴 때, 뽀로통한 일

---

*오스트라시즘(ostracism);고대 아테네에서 참주(僭主 · 참칭하는 임금)의 출현을 방지하기 위해서 도자기의 조각을 사용하여 행한 시민투표로 이단자 · 위험 인물을 골라내 국외로 추방하던 일. 지명당한 사람은 10 년간 추방당했음.

이 있을 것이다. 그러면 부모는 당신이 기분전환을 하도록 꽤 친절하게 대해 주었을 것이다.

어른이 되고 나서도 같은 일을 했다고 하자. 결혼생활에서 또 일하는 가운데에 다른 사람의 주의를 끌거나 자기의 생각을 관철하기 위해 뽀로통하거나 침묵을 지켜 보라. 그러면 상대방은 결국 당신이 말하는 대로 할지도 모른다.

그러나 결코 기뻐서 해 주는 일은 아니다. 무시했기 때문에 상대방이 자기를 좋아하게 되었다고 생각했다가는 큰 잘못이다. 그들이 당신의 생각을 따라 준것은 당신을 아끼고 있기 때문이다. 그러나 당신의 그런 행동이 빈번해 지면 언젠가는 그들이 당신을 무시할 것이 분명하다.

그러므로 상대방과 자기를 비참하게 하고 싶지 않다면, 방법 [2]에 따라 행동하자.

방법 [2]

다른 사람을 무시하지 말 것
뽀로통하거나 원망하지 말 것

무엇이 위대한 인물을 만드는가

위대한 인물이란 증오를 품지 않는다. 그 때문에 그들은 위대한 인물이 되었던 것이다. 어린애같은 반감이나, 편견, 복수심에 불타는 듯한 태도도 취하지 않으며 원한도 갖지 않는다.

남북 전쟁 때, 남부 연방 대통령이었던 제퍼슨 데이비스는 로버트 리이 장군에게 그의 부하 사관에 관해 물었다. 그러자 리이 장군은 자기의 부하를 극구 칭찬했다.

이 말을 들은 사관이 리이 장군에게 이렇게 충고했다.

"장군님, 장군님께서 대통령각하께 극구 칭찬한 저는 언제나 장군님을 격렬하게 비평하고 있습니다. 기회 있을 때마다 장군님을 비웃고 있는 것을 알고 계십니까?"

그 말을 들은 리이 장군은 빙그레 웃으며 이렇게 말했다.

"그것은 알고 있네. 그러나 대통령이 나에게 질문한 것은 내가 그를 어떻게 생각하고 있느냐이지, 그가 나를 어떻게 생각하고 있느냐는 아니었네."

에이브라함 링컨과 마크레인의 불화는 유명했었다. 마크레인이 링컨에 대하여 거만했던 것도 알려져 있다. 그럼에도 불구하고 링컨은 말했다.

"마크레인이 우리에게 승리를 주기만 하면 그의 마부가 되든, 무어라도 되겠다."

에이브라함 링컨은 정치적 대항자에 해당하는 인물을 내각의 요직에 임명하여 국민을 놀라게 한 일도 있다. 스탄턴은 링컨을 어릿광대이고, 고릴라라고 비웃었던 것이다. 그러나 링컨은 스탄턴을 육군장관으로 임명했다. 스워드의 경우도 자기는 링컨보다 훨씬 유능하다고 떠벌리고 있었으나 링컨은 그를 국무장관에 임명했었다.

나폴레옹은 결코 이상적인 인간이라고는 할 수 없다. 그러나 개인적인 비판을 받았다고 해서 원한을 품는 것과 같은 인간은 아니었다. '대항자를 왜 고관으로 임명했느냐?'라는 질문을 받고 나폴레옹은 이렇게 대답했다.

"유능하고 일을 할 수 있는 한, 그가 나를 어떻게 생각하고 있든 상관없지 않은가?"

흑인 교육자 부커 워싱턴은 지나치는 사람의 팔꿈치에 찔려

개울 속으로 떨어진 일이 있다. 친구가 어떻게 이런 모욕을 참을 수 있느냐고 묻자, 워싱턴은 이렇게 대답했다.

"나는 아무에게도 증오를 품고 싶지 않다."

위대한 인물이 위대한 것은 원한을 품거나 반항심이나 증오를 품지 않기 때문이다.

그러나 정신과 의사의 진찰실은 원한이나 적의, 질투, 분노 등으로 가득한 소인배들로 늘 만원이다.

방법 [2]를 지키는 법

방법 [2]에 따라서 행동하기 위해 다음을 기억해 두면 반드시 도움이 될 것이다.

다른 사람에게 친절하게 하고 싶지 않을 때야말로 가장 친절하게 대하라. 꽤 힘든 일이지만 위대한 인물은 한결같이 이것을 실행하여 위대하게 되었다.

간추리면 이런 말이 된다. 원한, 혐오, 뾰로통한 표정, 다른 사람을 무시하는 것 따위에 의하여 사람들로부터 좋은 반응을 얻을 수는 없다는 것이다. 이러한 어린애 같은 행동은 해서는 안 된다는 말이다.

그러므로 상사가 당신의 일을 비판할 때에는 뾰로통하지 말고 웃음으로 대답하라. 그것만으로도 상사는 당신을 훌륭한 인간으로 생각할 것이다.

또 부인이나 남편이 서로를 책망한다 하더라도 불만스런 표정으로 침묵하지 말라. 당신의 의견이 관철될 때까지 뾰로통한 상태로 있어서는 안 된다. 관용을 가지라. 그리고 애정을 얻어야 한다. 그것이 성공으로 향하는 길이며 성공하는 마법이다.

친구나 동료가 당신을 비판하고 소문을 퍼뜨릴 때야말로 친절을 베풀 가장 좋은 찬스이다. 그 사람에게서 감사를 받을 뿐 아니라, 뭇 사람들로부터도 존경과 찬사를 받게 될 것이다.

스승이라고 불리우는 인간

터어빈 박사와 짐(나의 아홉 살 된 아들)과 나와 세 사람은 앉아서 짐의 손을 찍은 엑스선 사진을 보고 있었다. 짐이 넘어져 손가락을 삔 것 같아서 의사한테 데리고 간 것이다.

박사는 짐에게 엑스선 사진을 건네주며 다정한 소리로 이렇게 말했다.

"짐, 이 엑스선 사진을 분석해 보아요."

엑스선 사진을 받아 든 짐은 2,3분 동안 들여다 보더니 "뼈가 부러져 있어요."라고 외쳤다.

"그걸 어떻게 알았니?"

터어빈 박사가 묻자 짐은 손가락 하나에 희미하게 가느다란 선이 들어가 있는 것을 가리켰다.

"맞았어요. 짐, 아주 눈이 좋은데. 당장 치료를 하자."

박사가 짐의 손가락에 부목(副木)과 붕대를 대고 있는 동안에 나는 복도에서 기다리고 있었다.

그때 엑스선을 촬영하는 기사가 지나가면서 나한테 말했다.

"조금 전에 박사님께 손가락의 골절이라고 말씀드렸는데, 다른 말씀은 없으셨습니까?"

"다른 말씀은 없었습니다."

나는 그렇게 대답하면서 마음 속으로 박사가 참으로 현명한 사람이라고 생각했다.

박사는 엑스선 사진을 보는 순간에 상처를 받은 곳이 어딘지 알고 있었다. 그런데도 박사는 아홉 살 난 어린이에게 상처를 발견하는 감격을 맛보게 하려고 했었다. 그것이 내 아들에게는 묻혔던 보물을 발견하는 것과 같은 감격을 주었다.

돌아가는 길에 짐은, 자신이 박사에게 상처난 곳을 가르쳐 주었다는 사실을 자랑스럽게 몇 차례나 말했다. 짐은 그런 말을 하느라 손가락이 아픈 것 따위는 완전히 잊고 있었다.

이 세상에 자기의 전문 분야에 대하여 아홉 살 난 어린이에게 묻는 사람이 몇 사람이나 있을까?

인간은 성장한 어린이다

어른들도 어린 시절의 내면적인 요소를 대부분 가지고 있다. 어른이 되면 육체적·정신적으로 성숙되어 있지만 어린이와 같은 경향을 완전히 떨치지는 못하고 있다. 역설적으로 인간은 모두 아홉 살 난 내 아들과 다름없다. 전문가와 마찬가지로 사물을 잘 알고 싶어하며 비평하고 충고하는 것을 좋아한다.

사람들에게 기쁨을 주고 득의있는 기분이 되게 하고 싶으면, 이 규칙을 지키라. 협조적인 인간으로 인정받고 많은 일을 배우고 싶으면 이 규칙을 지키는 것이 좋다.

방법 ③

다른 사람에게 비평을 하게 하고 충고하게 하라

이 방법은 사람들의 비평에 동의하고 충고에 따라야 한다고 말하고 있는 것이 아니다. 이 점에 주의해야 한다. 대꾸를 하거나 반발하지 말고 사람들에게 비평하게 하고 충고하게 하라고 말하고 있을 따름이다. 왜 그럴까?

답은 간단하다. 자기의 견해가 가치가 있건 없건, 좋건 나쁘건, 어떻든 인간은 의견을 말하고 싶어한다. 옳건, 그르건, 어떻든 충고를 주고 비판하고 싶어한다. 이러한 사실이 썩 유쾌하지 않기 때문에 그렇지 않다고 말하는 사람도 있을지 모른다. 그리고 사실이 그럴지도 모른다. 그러나 이 책은 인간의 어디가 잘못 되어 있는가를 가르치는 책은 아니다.

이 책에서는 있어야 할 인간의 모습에 대해서가 아니라, 실제로 있는 그대로의 인간의 모습에 대하여 서술하고 있다. 어떻게 하면 매력적으로 되느냐, 어떻게 하면 적절하게 대처할 수 있느냐에 대하여 서술하고 있다.

연극 막간에 관객들이 이야기하고 있는 것을 들어 보라. 대사와 배경에 대해서도 이해하지 못하는 사람들이 등장 인물을 하나하나 정의(定義)하고 분석하고 있다. 인간은 단순히 비판이나 충고하기를 좋아할 뿐만이 아니다. 자기의 비판이나 충고를 조용히 받아들이는 사람을 칭찬하고 존경하고 있는 것이다.

당신은 버나드 쇼가 어떻게 유명하게 되었는지 알고 있는가? 런던의 석간 신문 지상에서 비판되어 바보로 취급되고 힐책당했기 때문에 유명하게 되었던 것이다. 그는 인터뷰 시리즈난에서 혹평을 받았다. 기자가 버나드 쇼의 아파트에 취재차 방문했다가 꽤 프라이버시를 침해당했던 모양이다. 기자는 버나드 쇼에 대하여 무척 모욕적으로 썼고, 버나드 쇼는 런던에서 가장 박해를 받은 인물처럼 보였다.

이것을 읽은 런던 시민들은 분개했다. 왜 쇼는 경찰을 부르든가 해서 자기의 법적인 권리를 행사하지 않았을까? 쇼라는 인물은 실재하는 인간일까? 인간은 이렇게까지 순교자(殉教者)

처럼 될 수 있는 것일까?

그래서 버나드 쇼라는 이름이 알려지게 되었고, 존경을 받아 사람들의 마음에 머물게 되었다.

몇 년이 지난 뒤, 이 인터뷰 기사는, 실은 쇼 자신의 손으로 쓰여졌다는 사실을 알게 되었다. 인간의 본질을 꿰뚫어 보고 있던 쇼는 비판을 받음으로써 명성을 얻은 것이다.

이와 마찬가지로 교사는 비판이나 충고를 그대로 받아들이는 학생을 좋아한다. 코치는 '코치할 수 있는'—즉 비평이나 충고를 받아들이는—선수를 좋아한다. 또 인내심을 가지고 비판이나 충고를 받아들이는 남편이나 아내는 감사를 받는다.

어떻게 하는가

인간성이나 세일즈맨십에 대해 가르칠 때, 나는 늘 수강생에게 하나의 연습 문제를 시키도록 하고 있다. 그것은 무척 어려운 문제이기 때문에 언제나 가르치는 내 자신이 먼저 주저한다. 그러면서도 굳이 가르치는 것은 그만큼 가치가 있기 때문이다. 그것은 겸손을 갸르치는 것이다.

바로 이런 문제다.

"어떻게 하면 나는 더욱 향상할 수 있습니까?"

이 말을 상사, 친구, 남편, 아내에게 가서 묻는 것이다.

상사에게는 이렇게 말해도 된다.

"제 일을 향상시키기 위해 무언가 제안해 주시겠습니까?"

남편이나 아내에게는 이렇게 말한다.

"가정생활을 더욱 즐겁고 가치있는 것으로 하기 위해 내가 할 수 있는 일이 무엇이 있겠습니까?"

친구에게는 이렇게 물어 보자.

"다른 사람이 자기를 보는 것과 마찬가지로 자기 자신이 자기를 객관적으로 바라보는 것은 거의 불가능하다고 생각한다. 그래서 부탁이 있다. 내가 더욱 친절하고, 관용이 있고, 어울리기 쉬운 인간이 되도록 자네 눈에 비친 대로의 나를 묘사해서 힌트를 주지 않겠는가?"

이런 말을 하면서 절대 주의할 점이 있다. 그것은 상대방이 무언가 말하기 시작하면 대꾸를 하거나, 부정하거나, 공격하거나 해서는 안 된다는 점이다.

결과는 도움이 된다

이 간단한 연습문제를 했기 때문에 커다란 이익이 되었다는 보고를 수없이 받고 있다.

한 남자는 열일곱 살 난 아들에게,

"내가 어떻게 하면 좋은 아버지가 될 수 있고 가정적인 사람이 될 수 있는가에 대하여 말해 다오."

라고 제안을 부탁하여 얻은 느낌을 이렇게 말하고 있다.

"아들이 일러 준 것의 몇 가지는 참으로 나의 눈을 뜨게 해 주었습니다. 무엇보다 중요한 것은 그 때까지는 없었던 이해가 아들과 나 사이에 생겼다는 사실입니다."

또 어떤 부인도 말하고 있다.

"상사는 지금까지 이렇게 비평을 청해 온 사람을 본 적이 없었다고 말했습니다. 상사는 나의 결점뿐만이 아니라, 장점도 말해 주었습니다. 승진하도록 추천해 주겠다는 것입니다."

이 사람들은 비평을 받는 것의 가치를 발견한 것이다. 이것은 윈스턴 처칠의 다음 말 가운데에 잘 표현되고 있다.

"나는 인생의 어느 시기에도 비평을 받음으로써 이익을 얻어

왔다. 나에 대한 비평이 없었던 시기는 없었다고 생각한다."

시험해 보자

한두 번 이것을 시험해 보지 않겠는가? 결코 손해는 없다. 해 보면 그 가치를 알게 될 것이 틀림없다. 다른 사람의 눈에 비치는 자기 자신의 모습을 볼 수 있다.

비평이나 충고를 들어줌으로써 신뢰를 얻을 수 있다. 자기를 향상시키는 방법을 음미함으로써 겸손을 배울 수 있다. 그러므로 '다른 사람에게 비평하게 하고 충고하게 하라!'를 오늘 당장 시험해 보라.

설득력을 갖기 위한 십계(十戒)

인간에게 무엇인가를 하게 하려면 방법은 두 가지밖에 없다. 그것은 힘으로 하게 하느냐, 아니면 설득해서 하게 하느냐의 어느 쪽이다.

인간은 강제적인 힘에 의하여 행동하는 것은 싫어한다. 대체적으로 힘으로 시키려고 하는 사람에겐 반발하며, 또 힘으로 시키려는 일 자체도 싫어한다. 힘이 가해지면 반감과 흥분이 반드시 증대한다.

그래서 힘을 가했기 때문에 어린이는 부모에게 반발하여 가출(家出)을 하기도 한다. 남편과 아내도 서로 반발하게 된다. 노동자는 고용자에게 반발하여 일을 중지해 버린다.

이와는 반대로 설득이 되어 행동하는 사람의 대부분은 다음의 생각을 갖게 된다.

① 설득한 인간에게 호의를 갖는다.
② 자기의 이익을 위해 성심껏 노력하겠다고 생각한다.
③ 설득되어 하는 일이기 때문에 만족감을 얻는다.

여기에서 설득력이 있는 인간이 얼마나 가치있는 것인지 잘 알았을 것이다. 존 록펠러는 인간의 재능 가운데에서 이 설득하는 재능에 가장 비싼 값을 매기고 싶다고 말했다.

이것은 인생에서 가장 값비싼 능력이라고 할 수 있다. 결혼생활, 자녀의 교육, 일에 대한 예상 외의 효과를 올릴 수 있다.

설득력이 필요한 이유

설득이라는 것은 단순히 다른 사람에게 무엇을 해달라는 것만을 가리키는 것이 아니다. 설득은 당신의 인생을 뜻있는 것이 되게 하는 기술이다. 필요한 것으로 넘치게 하는 것이다.

어린이는 부모를 설득하면서 성장하고 있다. 설득에 의하여 사랑을 받고, 먹을 것을 받고, 의복을 받고, 그리고 보호된다.

청소년기에는 풋내기에서 성인이 될 때까지의 사이에 사회를 설득하여 인정받게 된다.

어른이 되면 의식적이든 무의식적이든, 눈을 뜨고 있는 동안은 항상 '설득'을 하거나, 당하면서 살아가고 있다.

다른 사람을 설득함으로써 사랑을 받고, 도움을 받고, 인정을 받게 된다. 설득에 의하여 서비스와 사고방식을 사람들에게 전달하고 있다. 가족을 설득하여 무언가를 시키고, 어린이를 설득하여 당신의 성격이나 행동의 기준을 받아들이게 하고 있다. 주위에 있는 사람을 설득하여 사랑하게 하고 있다.

의식적인 노력의 대부분은 사회로부터 인정받고 싶다는 소원에서 나오고 있다. 사회에서 인정받기 위해 당신이 할 수 있는 것은 설득하는 일뿐이다.

다음 장에 기술하는 '설득의 십계'는 수많은 책, 수많은 사람들의 체험, 그리고 나 자신이 세일즈맨을 20년 동안 연구한 결과 얻은 것이다.

이것은 시간을 초월한 법칙이며 위대한 지도자나 설득자가 사용하고 있는 십계이다. 이 십계는 당신의 인생을 커다란 성공과 행복으로 넘치게 할 것이다.

상대방으로 하여금 협력케 하기 위해서는 다음을 실천하라.

(1) 다른 사람의 성공을 위해 노력할 것

① 찬성할 수 없는 생각이라도 상대방의 생각이 잘 되어 가도록 노력하라.

② 상대방을 칭찬하라.

③ 상대방을 위해 당신의 지혜를 기꺼이 빌려 줘라.

(2) 다른 사람을 무시하지 말 것. 뾰로통하거나 원망하지 말 것

상대에게 고통을 주고 싶으면 무시하라. 그러나 일, 결혼생활, 친구관계에서 성공하기를 바란다면 방법 3 을 이용하여 당신의 매력을 높이라.

(3) 다른 사람에게 비평하게 하고 충고하게 하라

제5장

성공을 기대하면 성공한다

✸

성공을 믿고 예기하는 것만큼
성공을 인도하는 것은 달리 없다.
이것이야말로 의지의 힘이다.
—하독크—

성공을 기대하면 성공한다

어느 날 나는 세일즈 실적을 크게 올린 친구와 점심을 함께 했다. 그는 교육 프로그램의 세일즈를 시작한 지 불과 1년 만에 약 5천 만원을 번 것이다. 1년의 경력이면 수완 있는 세일즈맨이라도 그가 올린 실적의 4분의 1 정도가 보편적이다.

그래서 나는 그 비결이 궁금하여 이렇게 물었다.

"여보게, 자네의 비결은 도대체 무엇인가? 말해 보게. 자네가 다른 세일즈맨보다도 월등한 수입을 올릴 수 있었던 것은 어떤 차이점에서인가?"

나의 물음에 그는 의미심장하게 웃으며 대답했다.

"여보게, 자네도 알다시피 내가 세일즈를 시작하기 이전에는 15년 동안이나 주유소를 하지 않았는가."

"그렇지, 지난해까지 주유소를 했었지. 그런데 그것이 자네의 세일즈 실적과 무슨 관계가 있단 말인가?"

"하하…, 내 말을 들어 보시게. 그 당시 나는 누군가 차를 몰고 주유소에 오면 연료를 넣으려는 손님임을 추호도 의심하지 않았었네."

"그거야 당연한 일이 아닌가?"

"세일즈도 주유소 일과 조금도 다름이 없다네. 나는 항상 만나는 사람이 나의 고객임을 조금도 의심하지 않았네. 아마 그것이 비결이라면 비결일세."

나의 친구는 설득을 위한 '첫째 계율'에 대하여 말하고 있었다. 이야말로 능숙하게 설득하기 위한 토대이다.

첫째 계율

•

잘 설득할 수 있다고 생각할 것

이 규칙이 어째서 필요한가? 이유는 간단하다. 사람들은 이렇게 행동할 것이라고 기대한 대로 행동하기 때문이다.

희극 배우의 연기를 보고 웃는 것은 웃을 것으로 기대되고 있기 때문이다.

교회에서 경건한 태도를 취하게 되는 것은 그렇게 하도록 기대되고 있기 때문이다.

야구를 응원하는 것은 그렇게 기대되고 있기 때문이다.

도서관에서 조용히 하는 것은 그렇게 기대되기 때문이다.

아침에 일어났을 때의 기분이 하루 종일 계속되는 것은 당신도 알고 있을 것이다.

"사장님이 오늘은 기분이 언짢은 것 같은데."라고 비서가 중얼거리면서 '오늘은 어쩐지 하루가 꽤 지루할 것 같은데.'라고 생각하면 그대로 된다. 그것은 그녀가 그렇게 예기하고 있기 때문이다.

세일즈맨이 아무것도 팔지 못한 채로 첫 방문을 끝낸다. "아아, 오늘도 재수없는 날이 되겠군." 하고 말한다. 그러면 실망만 안겨 주는 하루가 된다. 이것도 역시 그가 그대로 예기하고 있기 때문이다.

심리학의 연구에 의하면, 실패의 중요한 원인은 실패를 예견하는 데 있다고 한다. 이러한 것을 문호 셰익스피어는 "우리는 의혹심 때문에 시도하기조차 두려운 경우가 있다. 그래서 해보면 얻을 수 있을지도 모르는 성과까지 잃는 일이 있다."라고 말하고 있다.

사람들에게 영향력을 주려고 하지만, 잘 안 되는 것은 의심이나 두려움이나 주저하는 마음을 갖기 때문이다.

부정적인 예측으로부터는 부정적인 반응이 일어난다. 그리고 당연히 긍정적인 예측으로부터는 긍정적인 반응이 일어난다. 이것은 진리이며, 인간 정신의 법칙이다.

그러므로 더욱 믿게 하고, 설득하고, 영향을 주기 위해서는 그 사람과의 인간관계에 성공을 예기하지 않으면 안 된다.

프랭크 체닝 하독크는 그의 저서 《의지의 힘》 가운데에서 이런 말을 하고 있다.

"성공을 믿고 예기하는 것만큼 성공을 인도하는 것은 달리 없다. 이것이야말로 의지의 힘이다."

그러므로 능숙하게 설득할 수 있다고 믿고 예기하라.

하독크도 "가지고 싶은 것을 강렬하게 요구하는 긍정적인 마음 쪽이 겁에 질린 부정적인 마음보다도 훨씬 그것을 얻기 쉽다."라고 말하고 있다.

이 인간의 행동에 대한 원칙을 예수는,

"네가 믿은 대로 된다."(마태복음 8 : 13)

라는 말로 가르치고 있다.

당신의 사고방식의 훈련

당신은 호박씨를 유리병에 심은 농부의 이야기를 알고 있는가? 호박이 완전히 자랐을 때, 그 농부는 병을 깨고 호박을 꺼냈다. 호박은 병의 모양과 똑같이 되어 있었다.

당신의 태도는 다음과 같은 방법으로 형성되고 만다.

① 다른 사람에게서 전에 비판을 받은 경험이 있으면 비판을 이야기하게 된다.

② 다른 사람이 당신을 경멸하여 가볍게 다루면 언제나 그런 취급을 다른 사람으로부터 기대하게 된다.

③ 가족이 충분한 존경으로써 다루어 주지 않는다고 느끼면 언제나 그 상태가 계속될 것을 예기한다.

④ 승진이 안 되면, 그 일이 익숙해져서 언제나 무관심한 행동을 취하게 된다.

이와 같이 모든 일, 날마다 일어나는 일, 모든 경험이 당신의 장래에 대한 기대를 만들어 낸다. 그리고 당신의 태도는 유리병 속에 밀려들어 가고 만다.

마침내 차례가 왔지만

그러므로 당신의 기대가 부정적인 유리병이 아니라, 긍정적인 유리병에 들어가고 있는지 어떤지를 확인하라.

사람들에게 최악을 기대하지 말고 최선을 기대하라.

사람들과의 접촉이 좋은 결과를 낳을 것으로 기대하라.

야구를 하며 놀고 있는 토미 소년처럼 되라.

토미 소년이 야구시합에 열중하고 있을 때, 마침 아버지가 구경을 하러 왔다.

"점수는 어떻게 되어 있니? 토미야."

"19대 0."

"어느 쪽이 이긴 거냐?"

"저쪽이예요."

"야아, 완전히 졌구나, 토미야."

"무슨 말씀이에요, 아버지. 우리는 아직 공격할 차례도 안 되었는데요."

과거를 잊을 것

어제, 지난 주, 지난 달에 어떠한 일이 일어났다고 하더라도, 또 어떠한 과거가 있다 하더라도 오늘과 내일은 순조롭게 오기를 기다리지 않으면 안 된다.

오늘은 새로운 도전의 날이다. 이 책에서 말하는 '설득의 십계'를 지키면 사람들과의 관계에 새로운 시대가 열린다.

성공을 기대하는 것이 필요하다. 그리고 비록 100% 성공하지 않더라도 항상 이 첫째 계율을 잊어서는 안 된다.

이 계율을 첫번째로 거론한 이유는 분명하다. 이 첫째 계율을 지키지 않는다면 나머지 계율은 전혀 의미가 없어지기 때문이다. 사람들의 행동에 영향을 주기 위해서는 먼저 성공할 것을 기대하지 않으면 안 된다. 그렇게 하지 않으면 설득을 위한 다른 도구는 거의 가치를 갖지 못하게 된다.

기계로서의 완전한 엔진이 있다 하더라도 움직이려면 반드시 가솔린이 필요하다.

훌륭한 연을 만들었더라도 바람이 없으면 올라가지 않는다.

값비싼 텔레비전을 사들여 놓아도 전기가 없으면 아무런 쓸모가 없다.

이 첫째 계율이야말로 다른 계율의 가솔린이 되고, 바람이 되고, 전기가 되는 것이다.

이것이야말로 다른 계율이 효과를 올리는 데 결코 빠뜨릴 수 없는 태도인 것이다.

다른 계율을 완벽하게 연습하고 이행했다 해도 이 첫째의 계율이 없으면 아무런 소용도 되지 않는다.

'멋지게 설득할 수 있다고 생각'함으로써 나머지 아홉 가지 계율이 생명력을 갖고 효과를 올리는 것이다.

둘째 계율

설득하기 위한 질문을 사용할 것

대화를 요리에 비유한다면 질문은 기초 양념인 간장이라 할 수 있다. 질문은 대화의 간장이므로 설득할 때, 커다란 힘을 발휘하는 것이다. 잠시만 생각해 보면 질문이 모든 의견이나 인간의 행동을 불러일으키는 원천이 된다는 것을 알 수 있다.

명령을 받는 것보다도 부탁을 받는 편이 설득되기 쉬운 것은 아니겠는가?

타인으로부터 사물은 이런 것이라고 배우기보다 그것에 대한 당신의 의견을 타인에게 말하는 편이 기쁘지 않겠는가?

상점에서 물건을 살 때 점원으로부터 이것이 좋다고 강요를 받는 것보다도 어느 것이 좋은지 질문을 받는 편이 훨씬 기분 좋지 않겠는가?

사람을 설득하기 위해서 질문을 능숙하게 사용하는 방법에는 여러 가지가 있다.

여기에서는 구체적으로 세 가지 방법을 이야기하기로 하자. 하지만 가장 중요한 것은 질문을 하는 방법이다.

질문방법 ①-먼저 물어 보라, 그런 후 설득하라

당신은 복싱 경기를 관람한 적이 있을 것이다. 첫 라운드의 공이 울리면 복서들은 상대를 공격하기에 앞서 춤추듯이 피하기도, 갑자기 뛰어들기도 하면서 상대의 전력을 탐색한다.

먼저 경쟁 상대자의 전력을 탐색하는 것은 복싱 뿐만이 아니다. 모든 경기나 경쟁에서 필승을 위한 제일보는 상대 팀의 강점과 약점을 파악하는 것이다.

'지피지기 백전불태(知彼知己 百戰不殆).' 《손자병법》에 나오는 너무도 유명한 말이다. 상대편의 실정을 알고 또 나의 실력을 알면 백 번을 싸워도 패하지 않는다는 뜻이다.

이것은 비단 병법에만 국한되는 말이 아니다. 동서고금을 막론하고 인생을 영위함에 있어 어디에나 통하는 삶의 최고의 지혜인 것이다.

시장 조사를 위해 기업들이 해마다 엄청난 돈을 뿌리고 있는 것을 생각해 보라. 새 상품을 시장에 내놓기에 앞서 구매자들의 의견을 일차적으로 구하고 있는 것이다.

질문 형식을 사용하는 것은 능숙하게 설득하기 위한 필수조건의 하나이다. 설득하려면 먼저 물어 보라.

이 원칙은 상대방으로 하여금 주의와 흥미를 불러일으키게 한다. 무엇인가에 대하여 상대방을 설득하려고 할 때 주의를 끌지 못하면 절대로 설득할 수는 없는 것이다.

질문은 주의를 일으키는 가장 좋은 방법이다.

"당신의 의견은 어떻습니까?"

"이것에 대하여 어떻게 생각하고 계십니까?"

"당신의 견해를 설명해 주시지 않겠습니까?"

"이것은 어떨까요?"

이러한 것이 주의를 끄는 질문들이다. 그러므로 당신은 먼저 상대방의 일을 묻고, 그 다음에 설득하는 것이 가장 좋은 방법이라는 것을 명심하라.

당황한 세일즈맨

찰리 코오레는 내가 알고 있는 사람 가운데서도 사람을 가장 잘 다루는 세일즈매니저의 한 사람이다. 그는 언제나 질문방식을 이용하는 것이 세일즈의 가장 좋은 수단이라고 말하고 있다. 그래서 세일즈맨들에게 "먼저 물어 보십시오. 그리고 파십시오."라고 되풀이해서 가르쳐 주고 있다.

또 그는 이 원칙을 늘 세일즈맨들에게 실행해 보이고 있다.

어느 날 그는 자신이 거느리고 있는 세일즈맨들과 함께 세일즈 초청 강연에 참석했다. 휴식 시간이 되자 그는 한 젊은 세일즈맨에게 이렇게 물었다.

"자네는 전 시간에 강연한 사람을 어떻게 생각하는가? 그리고 강연 내용은 어땠는가?"

"그저 보통입니다. 하지만 좀 흥미가 없는 이야기였던 것 같습니다."

"그렇다면 자네는 오늘의 초청 강연이 우리 세일즈맨들에게 별로 도움이 되지 않는다고 생각하고 있군그래?"

"말하자면 그렇습니다."

젊은 세일즈맨의 대답을 들은 그는 곁에 있던 다른 세일즈맨에게 같은 질문을 했다. 그러자 그 세일즈맨은 침착한 목소리로 이렇게 말했다.

"선생님께서는 어떻게 생각하고 계십니까?"

그러자 세일즈매니저는 대답 대신 잠시 두 사람의 얼굴을 번갈아 유심히 살폈다. 그런 후 앞서 자신의 생각을 말한 젊은 세일즈맨을 뚫어져라 바라보며 기분이 상한 음색으로 말했다.

"여보게, 전 시간에 강연한 연사는 내가 가장 존경하고 있는 내 은사(恩師)일세. 또한 그분을 초청한 것도 실은 나야."

이 말을 들은 젊은 세일즈맨은 순간 안색이 크게 변했다. 실인즉 강연이 그렇게까지 나쁘지는 않았다고 변명했지만 전혀 설득력이 없었다.

자신의 말이 통하지가 않자 젊은 세일즈맨은 더욱 어두운 표정으로 변하며 안절부절 못했다. 그때 세일즈매니저는 그의 등을 툭 치며 빙그레 웃으며 입을 열었다.

"사실은 나의 은사도 아니고 내가 초청하지도 않았네."

"예에?"

"그렇지만 말일세, 자네가 지금 내 앞에서 당황했던 이유를 한번 곰곰이 생각해 보게나."

"……."

"자네가 상대방의 입장을 알지 못하고 의견을 말했기 때문이 아닌가? 자네와는 달리 나의 의견을 먼저 물었던 자네의 동료가 현명했다는 사실을 이제는 깨달았겠지?"

"예, 지금에야 비로소 알았습니다."

"그러니까 세일즈에서는 늘 먼저 듣고, 그리고 나서 파는 것이 중요한 거야."

질문방법 ②-토론하기 위해 질문 형식을 이용하라

존슨 대통령은 수도 워싱턴에서 4천 명의 노동조합 지도자를 앞에 놓고 "자, 우리는 서로 토론합시다."라는 말로 참석자들의 주의를 끌었다. 그런 다음 연설을 시작했는데, 연설 도중에 몇 번이고 참석자들에게 질문을 던졌다.

상대방과 능숙하게 토론하기 위한 유일한 방법은 질문을 이용하는 것이다.

또한 의견을 일치시키기 위해 질문을 이용한다. 이것은 자기의 견해와 상대방의 견해가 어느 정도 가까운가를 확인하는 데 도움이 된다.

회화 도중에 몇 번이고 질문을 하여 상대방의 의견을 탐색해야만 상대방과 '토론'할 수 있다.

우스운 예

달에는 그린치즈의 산이 많이 있으며, 평야는 건조한 먼지투성이다. 호수에는 알콜 성분의 물이 가득차 있으며, 나무들은 비를 충분히 흡수하기 위해 나무 뿌리가 위를 향하여 뻗쳐 있다. 달에는 또 커다란 분화구(噴火口)가 있다. 달의 생물은 발에 귀가 있고 음식을 먹으려면 다만 그것을 보고 눈을 반짝이는 것만으로 된다.

당신은 이상의 이야기에 대하여 찬성할 수 있는가?

당신은 웃으면서 '설마'라고 말할 게 틀림없다. 그러나 이 바보스런 이야기 속에는 옳다고 동의할 수 있는 사실도 몇 가지 포함되어 있다. 이를테면 달의 표면은 건조해서 먼지투성이라든지 분화구가 있다는 말은 찬성할 수 있겠다. 앞의 문장에는 일곱 가지 사실이 담겨 있는데, 그 가운데에서 다섯 가지는 찬성할 수 없는 것이다.

뛰어난 설득자라면 하나하나의 사항에 대하여 상대방의 찬성 여부를 확인한다. 그리고 하나하나 질문을 한 뒤에 서로의 의견을 비교 검토하여 결말을 낸다.

달의 이야기를 '토론'하기 위해서 "달에는 그린치즈의 산이 있다고 말하고 있습니다만, 이 점에 당신은 찬성입니까?"라고 물어야 한다. 그리고 토론을 하여 결말을 내야 한다.

그 다음 "달의 평야에는 건조해서 먼지투성이입니다. 이것은 옳습니까?"라고 물어 "옳습니다."라는 대답을 유도해야 한다.

이와 같이 질문 방식은 사안에 따라 얼마든지 만들어 낼 수 있다. 그러므로 질문에 의하여 하나하나의 새로운 사항을 일일이 분명하게 해 가야만이 비로소 '토론'할 수 있는 것이다.

질문방법 ③-'왜'라고 물을 것

존슨 대통령 밑에서 국방장관을 지낸 로버트 맥나마라는 케네디 정권이래 매니지먼트의 천재라고 일컫고 있다.

그는 호기심과 사물을 이룩하는 데에 필요한 제6감을 가지고 있다. 동시에 곧잘 이용하는 수법이 하나 있었다.

그는 늘 '왜'라고 물었다. 당신도 이와 같이 질문을 하여 상대방과의 차이점을 줄이고 상대방의 마음을 열고, 또 한 번 고쳐 생각하게 할 수 있다.

나는 어느 날 주택산업계의 그룹에게 이 '왜'라고 묻는 것이 얼마나 중요한가를 이야기했다. 그러자 2,3일이 지나서 그 가운데의 한 사람이었던 던 마아본이 나한테 찾아와서 다음과 같은 이야기를 해 주었다.

"내 손님이 가지고 싶어하는 집과 꼭맞는 집이 있었습니다. 그런데 한 군데 마음에 들지 않는 점이 있었습니다. 손님은 식당을 가지고 싶어했습니다만, 이 집에는 별도로 마련된 식당이 없었습니다. 나는 이 집을 그 손님과 부인에게 보였습니다. 식당이 없는 것 이외에는 집이 무척 마음에 드는 모양이었습니다. 다 둘러보고 난 다음 '우리들 마음에 꼭맞는 집입니다만, 전에도 말했듯이 식당이 있어야겠습니다.'라고 말했습니다. 그래서 나는 '왜 그렇습니까?'라고 물었습니다. 그러자 손님은 '그저 식당에서 식사를 하고 싶을 따름입니다.'라고 말하는 것입니다. 그래서 또 나는 '어째서입니까?'라고 물었습니다.

그들 부부의 말에서 나는 그것이 습관이기 때문이라고 말하는 이외에는 이렇다 할 이유를 찾지 못했습니다. 나는 그 습관이 어느 정도의 돈이 드는가를 가르쳐 주었습니다. 식당이 있으면 세금도 전기도 그리고 정리하는 데에도 돈이 더 든다. 간단한 방법으로 계산해 보면 식당에서 식사를 하기 위해서만 한 사람 당 하루에 2000원이 든다는 것을 설명했습니다.

내가 생각하기에 그 부부가 식당에서 식사를 해야 하는 이유가 분명하지 않았기에 이 사람들은 그런 것은 사치다, 그만두어도 된다고 깨달았던 것입니다. 그래서 내가 적절한 때에 '어째서'라는 질문을 한 것만으로 손님은 그 집을 산 것입니다."

인간이란 이상한 것

인간은 곧잘 자신도 잘 알지 못하는 원인에 의하여 행동하거나 생각하는 경향이 많다. 그렇기 때문에 '왜'라는 질문을 받으면 자기의 행동이나 태도의 이면에 있는 까닭을 설명할 수 없다. 그리고 결국 더 논리적인 이유에 맞추려고 바뀌어 간다.

던의 손님은 단순한 식사의 습관에 얼마나 돈이 드느냐는 사실을 알고 생각을 바꾼 것이다.

사람은 모두 '질문을 받을 수 있는' 존재이다. 질문에 의하여 유도되고 설득된다.

셋째 계율

다른 사람에게 자기는 중요한 존재라고 생각하게 할 것

1917년 러시아는 사관(士官)들의 지위를 전부 폐지했다. 사관들은 자기의 숙사를 청소하고 일반병과 함께 식사를 하지 않으면 안 되었다. 사관들은 특권이나 칭호를 잃었기에 하룻밤 사이에 사관의 조직은 엉망이 되고 말았다. 그것은 군대의 역사에는 처음 있는 일이었다.

그 결과 사관들의 모럴은 완전히 퇴폐해 버렸고, 병사와 다름없이 가치없는, 책임도 없는 존재가 되고 말았다.

그러나 이 사태가 분명해지자 러시아는 전 사관을 원래의 위치로 돌이켰다.

이 큰 실책은 러시아가 인간의 행위를 좌우하는 하나의 커다란 힘을 간과한 데에서 일어났다. 이 사건을 통하여 러시아는 다음 사실을 배웠던 것이다. 즉 '조직화된 사회에서 일을 이룩하려면 인간에게 지위를 주지 않으면 안 된다.'는 사실이다.

'자기는 중요한 존재이다.'라고 생각하게 하는 것, 이것이야말로 인생의 만병통치약이다. 인간 개개인의 중요성을 인식시켜 주는 일이야말로 당신이 가장 잘 활용해야 할 방식이다. 이것은 다른 사람을 기쁘게 해주는 동시에 당신의 좋은 이미지를 심어주게 한다.

철학자나 성인들은 이러한 사실을 일찍 깨닫고 있었다.

셰익스피어는 "나는 내 자신의 어느 한쪽이 다른 사람의 전부보다 더 귀엽다."라고 말했다.

또 사무엘 존슨은 이런 말을 했다.

"나한테서 돈을 전부 빼앗아 보십시오. 일시적으로 불편할지도 모르겠으나 대수로운 일은 아닐 것입니다. 하지만 나의 중요성을 빼앗아 버린다면 나는 엉망이 되고 말 것입니다."

매력적인 인간이 되어 다른 사람에게 영향을 주고 싶다면, 또 살아 있는 동안에 무언가를 성취하고 싶다면 설득력 있는 인간이 되기 위한 세번째의 계율을 지켜야 한다. '다른 사람에게 자기는 중요한 존재라고 생각하게 할 것.'

주의를 끌기 위한 일생의 노력

인간의 온갖 행동의 배후에 잠재해 있는 것은 중요한 존재가 되고 싶다는 소망이다. 이것은 태어나면서부터 죽을 때까지 변함이 없다. 갓난애는 주의를 끌기 위해 울고, 어린이는 주의를 끌기 위해 장난을 한다. 청소년들은 인정을 받고자 하는 심리에서 야릇한 유행의 뒤를 쫓는다.

어른은 아름다운 집, 값비싼 자동차, 유행에 민감한 옷을 입수하려고 무척이나 노력한다. 이것은 인간이 본능적으로 다른 사람과 같은 행동을 하지 않으면 배기지 못하는 습성이 있기 때문이다. 이웃집에서 자동차를 샀기 때문에 우리집도 사야 한다. 누구누구는 새로운 모델의 세탁기를 샀기 때문에 나도 그런 세탁기를 사야 한다는 등의 모습을 우리 모두는 너무도 잘 알고 있다.

이상의 예와 같이 사람들은 유행을 초월하여 살기는 매우 어렵다. "그건 유행이 지난 구식이야."라는 말을 들으면, 흔히 인간 자체가 뒤진 것같은 착각에 사로잡히게 되기 때문에 기를 쓰고 유행을 좇는 것이다.

다른 사람과 같은 행동을 한다는 것, 즉 유행을 따른다는 것은 자아 충족의 한 방편이다.

인생이란 자아(自我)를 충족시키기 위한 싸움이라 하여도 과히 지나친 표현이 아니다. 이 말을 부정할 수 있는 사람은 아마 한 사람도 없을 것이다.

성공하기 위해서는 사람들에게 자기는 중요한 존재라고 느끼게 하여 만족만 시키면 된다.

그래서 이것은 참으로 간단한 일이다.

다른 사람에게 자기를 중요한 존재라고 느끼게 하기 위해 할 수 있는 일은 얼마든지 있다. 그러나 그 가운데의 70%는 단 세 가지 룰에 바탕을 두고 있다. 이것을 배우고 연습하면 당신의 설득력은 하룻밤 사이에 몇 갑절로도 될 것이다.

● 친절은 이 사회를 결합하고 있는 금쇠사슬이다. –괴테–

규칙 ①—감사함으로써 상대방에게 '자기는 중요한 인간이다'고 느끼게 할 것

유명한 심리학자 윌리엄 제임스는 책을 집필하는 도중에 병이 나서 입원한 일이 있다. 그때 친구 한 사람이 장미꽃다발과 함께 감사의 말을 쓴 카드를 보내 왔다. 제임스 박사는 답례로써 "이 선물은 내가 책에 쓰려다가 잊었던 것을 생각해 내게 했습니다."라고 써 보냈다.

제임스 박사는 인간성의 가장 심원한 곳에 가로놓인 것—감사를 받고 싶다는 갈망—을 쓰기를 잊고 있었다고 말하고 싶었던 것이다.

감사를 하면 상대방은 사랑을 받고 있다, 기대되고 있다, 인정되고 있다고 느껴 자기는 중요한 인간이라고 생각한다.

직업 조사를 살펴보면 일에 대한 불만의 원인은 감사하는 마음의 부족이 다른 어떤 원인보다도 큰 비중을 차지하고 있다. 결혼 조사를 두고 보아도 이와 마찬가지로 불행한 결혼의 가장 큰 원인은 감사하는 마음가짐을 나타낼 수 없었다는 데 있는 듯하다.

인간이라는 것은 다른 사람의 존경을 받지 않는 한, 참으로 행복하게 될 수가 없다. 뭇 사람과 원만히 지내고 싶어한다면, 사람들은 모두 이 에고이즘을 가지고 있다는 사실을 잊지 말아야 한다. 감사하는 말 한 마디로써 다른 무엇도 할 수 없는 것을 달성할 수 있는 것이다.

향기가 있는 동안에 꽃을 보내자

나는 가족들에게 거의 감사도 받지 못하면서도 가족을 위해

헌신하고 있는 한 여성을 알고 있다.

어느 날 그녀는 남편에게 물었다.

"여보, 만일 내가 죽는다면 당신은 틀림없이 많은 돈이 들더라도 갖가지 꽃들을 사들여 나의 빈소에 놓겠지요?"

"물론이지, 그런데 왜 그런 말을 하지?"

"내가 죽고 없는데……, 아무리 값비싼 꽃다발이라 하더라도 나에게는 의미가 없을 겁니다. 그렇죠? 하지만 내가 살고 있는 동안에 이따금 조그마한 꽃다발을 주신다면, 그것은 저를 매우 기쁘게 만들 겁니다."

이 말은 당신 주변에 있는 많은 사람들의 작은 소망을 대신하는 말이 아닐까? '이따금 조그마한 꽃다발 하나'는 사람들에게 살아 있다는 기쁨과 한없는 희망을 줄 수 있는 것이다.

왜 조그마한 꽃다발 하나를 보내는데 상대방의 심장이 멎어 흙에 묻힐 때까지 기다려야 하는가!

지금 곧 기뻐할 수 있는 동안에 어째서 당신은 주변 사람들에게 꽃을 보내지 않는가?

찬양하는 꽃다발을 보내라

필립 부룩스는 이 경우를 이렇게 말하고 있다.

"조금이라도 잘할 수 있는 일에 대해서는 '잘 되었다'라고 말하여서 노력에 보답해 주어야 합니다. 그렇게 하면 생각할 수 없을 만큼의 에너지를 끌어내게 됩니다. 그러니까 당신도 관대하게 칭찬해 주십시오."

하버드 대학의 로젠달 박사는 어느 날 학생과 쥐를 상대로 재미있는 실험을 했다. 먼저 세 그룹의 학생과 쥐를 선정했다. 그런 후 첫번째 그룹 학생들에게,

"여러분은 행운아입니다. 여러분들은 금번 실험에서 천재적인 쥐를 다루게 되었습니다. 그러므로 큰 성과를 얻을 수 있을 것입니다."
라고 말했고 둘째 그룹 학생들에게는,
"여러분들은 보통 쥐들을 다루게 되었습니다. 그러므로 보통의 성과를 얻을 수 있을 것입니다."
라고 했다. 또 셋째 그룹 학생들에게는,
"여러분이 다루는 쥐는 바보 같은 쥐들입니다. 그러니까 별 성과가 없을 것입니다."
라고 말했다.

그런 다음 6주 동안 학생들은 똑같은 조건하에서 실험을 했다. 그 결과 천재 쥐들은 천재 행동을 했고, 보통의 쥐들은 보통의 행동을 했다. 또 바보 쥐들은 형편없는 행동을 했다.

이와 똑같은 실험을 선생과 학생을 대상으로도 했다. 한 선생은 천재 같은 아이들을 가르치게 됐다는 말을 들었고, 다른 선생은 보통 아이들을 가르치게 됐다는 말을 들었다. 그 결과 천재로 구분된 학생들의 성적은 매우 좋았고, 보통으로 구분된 학생들의 성적은 보통이었다.

이 세상에 천재 쥐, 보통 쥐, 바보 쥐는 없다. 쥐는 다 똑같은 쥐다. 그런데도 쥐들이 그룹마다 각기 다른 반응을 보인 것은 무엇을 뜻하는가? 원인은 간단하다. 바로 실험에 참여했던 선생과 학생들의 정신 자세로 인하여 쥐들이 구별되고 학생들의 우열이 나타난 것이다.

이상의 실험은 우리에게 우열을 비교한다는 것이 얼마나 큰 잘못이었는가를 깨우쳐 주고 있다.

자녀들끼리 우열을 비교하는 사람이 많은데 그것은 참으로 위험한 교육이다.

"형은 공부를 잘하는데 너는 왜……."

하는 식으로 아이를 기르는 것은, 한 아이를 열등아로 만드는 것과 진배없다.

사람의 장점은 비판받을 때 발전되는 것이 아니고 칭찬해 줄 때 개발되고 발전되는 것이다.

나는 내가 맡은 클래스에서는 언제나 수강생들에게 다른 사람을 칭찬하는 연습을 시키고 있다.

클래스 전원을 한 사람씩 세워놓고 다른 사람이 한 일을 칭찬하게 하는 것이다.

이것은 전원을 유쾌하게 할 뿐만이 아니라, 인간이라는 것의 특색을 잘 나타내 준다. 친구한테서 자기의 웃음을 칭찬 받은 한 수강생은 이렇게 말했다.

"나는 그와 15년 동안 어울리고 있습니다만, 그가 내 웃음을 깨닫고 칭찬해 준 것은 이번이 처음 있는 일입니다."

이렇게 상대방을 기쁘게 만드는 꽃이 얼마나 보내지지 못하고 있는가? 또 얼마만큼의 찬양하는 말이 표현되지 못한 채로 있는가? 훌륭한 사람이라고 존경하고 있는데 아직 한 번도 그것을 말해 주지 않고 있는 사람이 몇 사람이나 있을까?

왜 말해 주지 않을까?

어째서 칭찬하는 연습을 하지 않는가?

다른 사람을 칭찬하는 방법을 어떤 방법으로 찾아 내려고 하고 있는가? 실행할 때에는 다음의 사항을 마음에 새겨 두라.

(1) 열성적일 것. 아무렇게나 칭찬해 봤자 헛일이다. 정성껏 한다는 것은 다른 사람의 좋은 점, 장점을 찾아 낸다는 말이다. 열심히 찾아 내면 반드시 발견할 수 있다.

(2) 구체적으로 말할 것. '친절'하다든지 '좋은 사람'이라고 말해서는 헛일이다. 친절한 점, 좋은 점을 구체적으로 지적하는 것이 중요하다.
(3) 그 사람 자신보다도 그 사람의 행동을 칭찬할 것. 그 편이 정성껏 하는 방법이며, 훨씬 의미가 있다. 게다가 제3자가 기분 나쁜 생각을 하지 않고도 끝낼 수 있다.

그러나 무엇보다 중요한 것은 '그것을 입 밖에 내어 말하는 것이다.' 칭찬하는 연습을 쌓자. 부끄러워하지 말고 시작하라.

관용의 꽃다발을 보내라

의기소침해 있던 유겐 휠드는 어느 날 레스토랑에 들어갔다. 바쁜 듯이 보이는 웨이터가 빠른 걸음으로 다가와서는 여러 가지 요리 이름이 적혀 있는 메뉴를 펼쳤다. 그것을 보자 휠드는 슬픈 듯이 올려다 보며 말했다.

"저어, 내가 원하는 것은 이 가운데에는 없군요. 내가 아쉬워하는 것은 하나의 오렌지와 정겨운 말입니다."

상대방이 자기는 중요한 존재라고 생각하게 하기 위해서는 아주 사소한 배려와 따사로운 말만으로도 충분하다.

에머슨은 이렇게 말했다.

"반지나 보석은 선물이 아니다. 그것은 진짜 선물의 구실에 불과하다. 유일한 선물은 당신 자신의 한 조각이다."

당신 자신의 정겨운 두세 마디 말로써 다른 사람에게 관용을 베풀 수 있다.

기억의 꽃다발을 보내자

사람들의 일을 기억해 두자. 가능하면 '친구에 관한 사실'이라는 작은 노트를 마련해 두는 것이 좋다. 여기에 친구, 동료, 이웃 사람, 친척들에 대하여 기록하여 보라. 기억해 두고 싶은 것은 생일, 기념일, 어린이의 수와 이름, 취미 등이다.

당신이 기억해 주었다는 것을 아는 것만으로 상대방은 자기가 중요한 인간이라고 느낀다.

좋은 소문의 꽃다발을 보내자

인간은 가십을 좋아한다. 나쁜 일도 좋은 일도 소문이 되어 퍼진다. 좋은 일만을 말하는 것이라면 가십은 선행이다.

다른 사람의 일을 좋게 말하라. 구체적으로 좋은 점을 찾는 것이다. 그 소문은 돌고 돌아서 반드시 그 주인공을 찾아간다. 그러면 그것을 들었을 때, 그 사람은 자기 자신이 중요한 인간이라고 느낀다.

관심의 꽃다발을 보내자

다른 사람에게 관심을 가지라. 그리고 그 사람에게 대하여 여러 모로 마음을 쓰도록 하라. 사람들은 자기의 일만을 생각하여 시간의 90%를 소비하고 있다고 말해지고 있다.

그 시간의 아주 작은 일부만이라도 다른 사람에게 돌려 보는 것이 어떨까?

'무언가 해 줄 것은 없는가?', '마음을 써 줄 일은 없는가?'라고 생각하면서 다른 사람을 다시 보자.

다른 사람의 주목을 받는 대신에 주의를 사람들에게 돌림으로써 인간성은 몇 갑절이나 매력있는 것으로 된다.

타인과의 교제에 있어서, 예의범절을 엄수하는 사람은 이자로 살아가지만, 그것을 무시하는 사람은 원금에 손을 댄다. —호프만슈탈—

규칙 ②-예의 바르게 함으로써 상대방에게 자기가 중요한 인간이라고 느끼게 할 것

유명한 호상(豪商) 존 워너메이커는,
"바른 예의라는 것은 '돈과 다름없다.' 지나치게 남용해도 안 되며, 또 인색해도 안 된다."
라고 말했다. 이 원칙을 지킨 덕분으로 부와 명성을 얻었던 것이다. 에머슨도 이와 같은 의미의 말을 남기고 있다.
"문장(紋章)과 기사도의 대부분은 올바른 예의 속에 있다."
언젠가 유명한 문필가이면서 강연가이기도 한 인물이 마을에 왔을 때에 내 친구가 안내역을 맡았었다. 친구는 먼저 공항에서 그 손님을 맞아 차를 준비하여 안내하였고, 그리고 몇 시간을 함께 지냈다.
"그 사람의 어디가 가장 인상에 남았는가?"
내가 물었을 때 친구는 이런 대답을 했다.
"그가 도어를 열고 먼저 지나도록 조용히 내 어깨를 밀어 주었을 때지. 그 예의바름은 썩 훌륭했어."
뉴스 해설자인 볼 하아비 씨와 만났을 때의 일이다. 그때의 하아비 씨와의 회화는 벌써 잊어버려서 기억하고 있지 않지만, 공항 터미널에서의 하아비 씨의 우아함과 예의바름은 언제까지고 잊을 수 없다.
하아비 씨가 웨이트리스와 이야기를 나누었을 때의 일이다. 그 레스토랑의 메뉴에 적혀 있지 않은 것을 주문한 하아비 씨는 웨이트리스에게,
"아가씨, 내 주문이 너무 손이 가는 것이라면 좋지 않으니까, 그렇다고 말해 주십시오. 취소하겠습니다."

물론 웨이트리스는 기꺼이 이 주문에 응했다. 이 여성은 한낱 수많은 사람들의 심부름을 하고 있는 처지에 이처럼 예의바르고, 그리고 정중하게 다루어진다는 것은 매우 신선한 일이었을 것이다. 기분이 좋았을 것이 틀림없다.

왜 예의바르게 하는가?

어느 날 나는 어느 때 중서부에서 온 두 사람의 친구와 함께 점심을 나누고 있었다. 이 친구들은 둘 다 조금 전에 뉴욕에서 막 돌아온 참이었다.

경험담을 교환하면서 이야기를 하고 있을 때, 한 사람이 이렇게 말했다.

"나는 뉴욕에 사는 것만은 절대로 싫다. 엄청나게 많은 사람들이 밀려오고 밀려가고 있다. 예의바른 인간은 한 사람도 만난 일이 없다."

이 친구는 서둘러 떠나지 않으면 안 되었기 때문에 우리 두 사람을 남겨 놓고 먼저 돌아갔다. 그가 간 뒤에 또 한 사람의 친구가 말했다.

"내가 본 뉴욕의 인상은 이와는 전혀 달라요. 먼저 이야기한 것을 반론하는 것도 뭣해서 말하지 않았으나, 내가 뉴욕에서 가장 인상에 남았던 일은 사람들의 예의바름이었어요. 다들 무척이나 친절하더군요. 바쁘게 보이는 사람들까지도 항상 정중하게 대해 주던 걸요."

그 다음에 이 두 이야기를 상기해 보고, 나는 뉴욕의 모습과 이 두 인상과는 거의 관계가 없는 것을 깨달았다. 친구 한 사람은, 솔직하게 말하면, 자기 중심적으로 자기가 이야기할 때는 언제나 다른 사람은 침묵해야 한다고 생각하고 있었다. 또 언제나 사람들은 자기에 대하여 예의바르지 못하고 존경심이 부족하다고 불만스럽게 생각하고 있었다. 이 그가 뉴욕에서도 언제나 마찬가지의 사고방식을 하는 것은 당연한 일이었다.

또 한 사람의 친구는 언제나 온화하고 참을성있고 다른 사람에게 관대했다. 그래서 주위 사람들도 늘 보답을 하고 있었다. 저만큼 예의바른 그에게 다른 사람이 실례가 되는 태도를 취할 수 있다고는 상상하기도 어렵다.

인간성의 특색 가운데에서 올바른 예의만큼 사람들과 교환하기 쉬운 것은 없다고 생각한다. 그것을 다른 사람에게 내밀면 반드시 되돌아온다. 그리고 상대방의 기분을 좋게 한다. 또 상대방에게 자기는 중요한 인간이라는 기분을 일으킨다. 사실상 무례하게 다루어지는 것만큼 인간의 자존심을 심하게 상처주는 것도 없다. 상대방에게 접촉할 때 예의를 잃으면 상대방의 전투적인 기분과 적의를 불러일으키는 것이 된다.

첫인상은 최초의 10초 동안

다른 사람이 당신이 하는 말을 믿는지 어떤지, 당신의 말대로 행동하는지 어떤지는 서로 만나고 나서 처음 10초 동안이 가장 중요한 결정적인 순간이 된다. 인간은 첫대면으로 곧 어떤 인상을 받는다. 나쁜 인상을 제거하기 보다 어려운 일은 없다.

사무엘 골드윈은 이렇게 말하고 있다.

"첫인상이 주는 영향은 매우 중요한 의미를 가지는 수가 많다. 몇 년이 지나도 사람들은 첫대면을 한 때에 예의를 갖추었던지, 건방졌던지, 또는 고상했던지, 그리고 어땠는지를 기억하고 있는 것이다."

그러므로 예의가 올바르면 당신은 다른 사람과 따뜻하게 정겨운 관계를 쌓을 수 있다. 올바른 예의야말로 '좋은 첫인상을 보증'하는 것이다.

올바른 예의에 대한 세 가지 규칙

우리는 천성적으로 예의바른 사람에 대하여 무언가 두려움을 품고 있는 것처럼 보인다. 그것은 너무나 다른 사람에게 배려를 하면 상대방으로부터 이용당하는 것은 아닌가 하는 염려가 있기 때문인지도 모른다. 어쨌든 언제나 예의바르게 한다는 것은 어려운 일이다.

자, 정중한 태도로 상대방에게 자기는 중요한 인간이라고 느끼게 하려면 다음의 세 가지 규칙을 지키는 것이 중요하다.

(1) 웃으라. '부탁합니다'라든지 '고맙습니다'라고 말할 때에 웃음을 잊지 말라. 상대방에게 길을 양보하여 비켜 설 때에도 웃으라. 무언가 사소한 일을 해 줄 때에도 늘 웃으라. 그렇게 하면 상대방은 당신이 자진해서 그렇게 한다는 것을 알게 될 것이다.

(2) 명확히 하라. 말은 정중하고 분명히 해야 한다. 그저 입 속에서 '고맙습니다'라고 우물우물 해 보았자 아무런 의미가 없다. 또렷하게 힘찬 발음으로 진실을 나타내라.

(3) 상대방의 눈을 보라. 예의바르게 하려면 부끄럽다는 듯이 고개를 떨어뜨리고 밑을 바라보거나 허공을 바라보거나 하지 말아야 한다. 상대방의 눈을 똑바로 바라보라. 자부심을 가지고 예의바르게 하면 훨씬 효과가 있다.

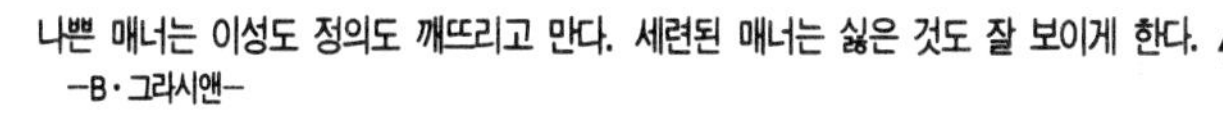
나쁜 매너는 이성도 정의도 깨뜨리고 만다. 세련된 매너는 싫은 것도 잘 보이게 한다.
—B・그라시앤—

올바른 예의의 훈련을 하자

예의바르다는 것은 설득력 있는 인간이 갖는 둘째의 특징이다. 그것은 바로 고압적이고 불순한 인간과 매력적인 인간의 차이다.

예의바름은 다른 사람에 대한 배려이다. 다른 사람에게 자기는 중요한 인간이라고 느끼게 하기 위한 둘째 규칙이다.

규칙 ③-상대방의 이름을 부름으로써 상대방에게 자기는 중요한 인간이라고 느끼게 할 것

인간은 풍선과 같다. 자기의 이름을 듣거나 보거나 할 때마다 공기가 주입되어 부풀어 오르는 것과 같다.

당신은 그리스의 전사(戰士) 아킬레스를 알고 있는가? 그의 치명적인 약점은 단 한 가지, 발꿈치였다. 그 발꿈치에 화살을 맞아서 아킬레스는 죽고 말았다.

인간은 모두 '아킬레스의 발꿈치'를 가지고 있다. 그것은 자기의 이름이다.

자기의 이름을 듣거나 보기 위해 인간은 일한다. 자기의 이름을 위해 노력을 하고 돈까지 지불한다.

모든 사람의 약점인 '아킬레스의 발꿈치'는 이름이다. 그래서 자기의 이름을 능숙하게 사용하면 당신의 인간성은 새로운 힘을 가질 수 있다.

짐 화아리는 5천명 이상의 이름과 얼굴을 기억하고 있다고 전해지고 있다. 어떠한 경우에도 사람들의 이름을 부를 수 있는 능력을 가지고 있었기 때문에 유명하게 된 것이다. 누구나 다 이것을 기뻐하고 있다. 그 때문에 역사적으로 특기할 만한 가치있는 정치기구(政治機構)를 만들 수 있었다.

인간이라는 것은 자기의 이름을 붙인 기업을 만들어 내기 위해 열성이다.

이름을 사용하여 감사를 표할 것

내가 알고 있는 사람 중에 평사원으로 출발하여 아주 짧은 시일에 회사의 사장까지 승진한 사람이 있다. 그는 회사의 발전을 위해 놀랄 만한 공헌을 했다.

그 결과 경쟁 회사가 높은 지위를 제공하겠다고 제의해 왔다. 그것은 그의 회사보다도 훨씬 큰 회사였다. 이 제의에 따르면 그의 연간 수입은 그의 회사에 있는 것보다도 몇 만 달러나 더 많았다. 그는 그렇게 좋은 조건을 뿌리칠 수는 없었다. 그래서 회사에 사표를 제출했다. 그 때 임원의 한 사람이 멋진 제안을 했다. 경쟁 회사와 같을 정도의 급료를 줄 수는 없으나 그의 이름을 회사의 이름으로 사용하자고 제안했던 것이다.

그 결과 그는 사직을 취소했다. 자기의 이름이 회사의 이름으로 남기 때문에 그가 평생 이 회사에 머무를 수 있는 것은 확실한 일이다.

이름에 빛을 비추자

사람에게 무언가 부탁할 때에는 그 사람의 이름을 사용하는 것이 가장 효과가 있다. 어떤 커뮤니티 센터의 기획위원이 이런 이야기를 해 주었다. 그는 위원회의 멤버를 모집하려고 하고 있었다.

그래서 열다섯 사람에게 전화를 걸었으나 전원이 한결같이

'바빠서' 도울 수 없다고 했다.

"어떤 방도를 취하지 않고는 안 되었습니다. 생각 끝에 나는 프로그램에 그 사람들의 이름을 모두 인쇄하기로 했습니다. 다음은 열 사람에게 전화를 하여 그 사실을 통보했습니다. 그러자 전원이 승락해 주었습니다."

이와 같이 이름을 유효하게 사용하자. 누구에게 있어서나 자기의 이름에는 꽤 아름다운 반향을 가지고 있다. 그것은 손바닥에 보석을 떨어뜨리는 것과 같다. 이것은 몇 번을 사용해도 싫증을 내는 일이 없는 유일한 수단이다. 게다가 상대방의 저항력을 약화시키고 적의를 없애게 된다. 반대 의견을 부드럽게 하는 것이다. 이것이야말로 사람들에게 자기는 중요한 인간이라고 기분 좋게 느끼게 하는 방법이다.

이름을 기억하는 방법

대부분의 사람들은 이름을 기억하는 것이 얼마나 중요한 일인가 알고 있다. 그러면서도 "나는 기억력이 나빠서 남의 이름을 기억할 수가 없습니다."라고 말한다.

그러나 이것은 잘못이다. 엄밀하게 말하여 기억력이 나쁘다는 것은 있을 수 없다. 누구든지 생애에 걸쳐 읽거나 들은 것은 잠재의식 혹은 창조하는 마음 속에 기억되고 있다는 것을 알고 있기 때문이다. 인간은 모두가 좋은 기억력을 가지고 있다. 다만 그 기억의 사용 방법을 알지 못하고 있을 따름이다. 다음은 이름을 기억하기 위한 당신의 기억력을 활용할 수 있는 간단한 규칙이다.

(1) 먼저 "나는 이름을 기억하기 위한 세계에서 가장 좋은 기억력을 가지고 있다."고 생각하는 것이다. 이름을 기억할 수

없다는 말을 하지 말라. "잊지는 않을까?"라는 말을 하지 말고 걱정도 하지 말라. 잘못 부르지는 않을까 하는 불안도 품지 말라. 의심, 망설임, 두려움을 가지고 있는 한 결과도 그대로 되어버리기 때문이다.

(2) 이름을 기억하는 데에 기쁨을 느끼라. 누군가가 이름 하나를 기억할 때마다 100만원을 주겠다고 한다면 기억하기가 결코 어렵지는 않게 될 것이다. 그 100만원을 받기 위해 자발적으로 알지 못하는 사람의 이름을 기억하려고까지 할 것이다.

인간은 기억하고 싶은 것만을 기억하기 마련이다. 이름을 기억했다고 하여 누군가 100만원을 줄 리는 만무하지만, 이름을 기억해 주면 특별한 대우, 높은 평가, 찬양 등 많은 보답을 하여 줄 것이다. 그러므로 기꺼이 이름을 기억하라.

(3) 이름을 바르게 기억하라. 다음과 같은 질문은 상대방의 귀에는 음악과 같은 여운을 남긴다.

"죄송합니다만, 다시 한 번 들려 주시겠습니까?"

"이름은 어떻게 쓰나요?"

"당신의 이름은 어떻게 읽나요? 이렇게 읽으면 틀리지 않을까요?"

상대방에 있어서 자기의 이름은 대단히 매력적으로 생각한다는 것을 잊지 말아야 한다. 이름에 대하여 이야기하는 것은 즐거운 일이다. 올바르게 기억하기 위해 되묻는 것을 공연히 부끄러워해서는 안 된다.

(4) 그 자리에서 이름을 세 번 되풀이해 말하라. 실험에 의하면 어떤 일을 앞에 놓았을 때 한 시간 이내에 그것을 기억하느냐 잊느냐가 결정되는 모양이다. 그러므로 이름을 들으면 즉시 적어도 세 번 되풀이해서 불러 보라. 그리고 나서 될 수 있는

대로 여러 가지 사물과 관련시켜 그 기억을 머무르게 하라. 결국 어디서 그 사람을 만났는지, 그 이름에서 무엇을 생각해 냈는지, 그리고 그 이름의 당사자를 '회화화(繪畫化)'하는 것이 중요하다.

물론 무엇보다도 중요한 것은 연습을 되풀이하는 일이다. 이름을 기억하는 연습을 몇 번이고 하라.

자, 당신은 이제 규칙을 전부 읽어 보았다. 이 규칙을 활용하는 것도, 쓸모 없게 하는 것도 당신 자신의 힘에 달려 있다.

앞으로 한 달 동안 만나는 모든 사람들에게 대하여 이 규칙을 적용하여 연습해 보라.

당신의 인생이 전혀 새로운 경험으로 가득해짐을 약속한다.

다시 한 번 여기에 규칙을 간추려서 기록한다. 당신의 수첩에 이것을 기록하여 앞으로 한 달 동안 되풀이하여 읽고 날마다 연습하라. 인생에 자극을 주고, 방향을 정하는 것은 중요한 인간이 되고 싶다는 욕망이다. 이 규칙은 그 기분을 일으키기 위해 사용하는 것이다.

(1) 잘 설득할 수 있다고 생각할 것

(2) 설득하기 위해 질문의 힘을 이용할 것
① 먼저 물으라. 그리고 설득하라.
② 토론하기 위해 질문 형식을 이용하라.
③ '왜'라고 물으라.

(3) 다른 사람에게 자기는 중요한 존재라고 생각하게 할 것
① 감사함으로써 상대방에게 자기는 중요한 인간이라고 느끼게 할 것.
② 예의바르게 행동함으로써 상대방에게 자기는 중요한 인간이라고 느끼게 할 것.
③ 상대방의 이름을 사용함으로써 상대방에게 자기는 중요한 인간이라고 느끼게 할 것.

매력있는 인간을 위한 aphorism ④

모욕을 받아들이는 단 한 가지 우아한 방법은
모욕을 무시해 버리는 것이다.
무시할 수 없을 경우엔 덮어 버리라.
덮어 버릴 수 없을 경우엔 웃어 넘겨라.
웃어 넘길 수 없다면 그 모욕은 받아들여질 만한
가치가 있는 것이다.
—린즈—

제6장

사람을 움직인다

선량하고 진실한 인간의 힘에는
어떠한 망치나 어떠한 철판이나 어떠한 도끼도
비교될 수 없다. 그 어떠한 힘도
선량하고 진실한 인간의 힘에는
대항할 수 없는 것이다.

-트로오-

사람을 움직인다

미카엘 활라디는 전동 모터를 처음 발명했을 때, 당시의 영국 수상 윌리엄 그라드스턴의 흥미를 끌어 지지를 얻으려고 생각하고 있었다.

그래서 활라디는 조잡한 모델—자석(磁石)의 주위에 가느다란 전선(電線)을 말아 놓기만 한 것을 가지고 그라드스턴을 만나러 갔다. 그렇지만 그라드스턴은 이 발명에 전혀 흥미를 나타내지 않았다.

"이것은 어디가 그렇게 좋은가?"

수상이 그렇게 물었을 때 활라디는 이렇게 대답했다.

"언젠가 수상께서 여기에 과세(課稅)할 수 있습니다."

이 말 한 마디가 수상을 움직였다. 활라디는 수상의 행동을 일으키게 하는 가장 중요한 것을 가지고 설득했던 것이다.

이것이 네번째의 그리고 가장 강력한 설득을 위한 계율이다.

넷째 계율

상대방의 입장에 서서 말할 것

사람은 자기의 이론에 따라 행동하는 동물이다. 이것은 중요한, 잊어서는 안 되는 사실이다.

인간은 자기의 이론에 따라 행동하지, 당신이 갖는 이론에 따라 행동하는 것이 아니다.

활라디는 이것을 알고 있었다. 그의 발명은 자기의 땀과 노력과 재능의 결정이었다.

그것의 어디가 좋으냐는 질문을 받았을 때, 만일 그가 자기가 가진 꿈이나 도움이 된다고 생각되는 사용법, 그 발명이 갖는 잠재적인 힘 따위를 말했다고 해도 아무도 그를 문책하지는 않았을 것이다.

그러나 그것은 어디까지나 그 자신의 견해에 불과했다. 따라서 그것을 설명해 보았자 야유로 해석된다면 아무것도 되지 않는다는 사실을 그는 알고 있었던 것이다.

그렇지만 "어느 날엔가는 수상께서 여기에 과세할 수 있습니다."라는 대답은 노련한 정치가의 말이라 할 수 있다. '당신에게 도움이 된다.'는 말처럼 매력적인 말이 또 있을까?

이야말로 모든 위대한 지도자, 설득자의 비결이다. 그들은 사람이 행동을 일으키는 배후의 이유를 이해하고 있다. 이것을 바로 상대의 이익이라는 입장에서 생각하고 말하며, 행동하고 있는 것이다.

다른 설득의 계율은 지키지 않더라도 잘 될지 모르지만, 이 룰만은 잊어서는 안 된다. 룰은 TNT, 즉 설득의 다이너마이트라고도 할 수 있다.

이 규율이야말로 능숙한 설득의 진수(眞髓)이다. 이 룰을 무시하면 당신의 인간성으로부터 설득을 빼앗는 것이 된다.

인간은 송아지와 같다.

에머슨은 철학, 역사, 시 등의 분야에서는 위대한 인물이었으나 암소를 외양간에 밀어 넣는 방법에 관해선 거의 아무것도 몰랐다. 어느 날 그는 이 일을 하지 않으면 안 되었다.

아들 에드워드는 송아지의 목에 팔을 껴서 끌어당기고, 에머슨은 뒤에서 밀기로 했다. 힘을 들이면 들일수록 송아지는 그들의 생각대로 움직여 주지 않았다. 에머슨의 얼굴은 점점 상기되어 땀이 흘렀으며, 온몸에 소의 냄새가 잔뜩 배었다. 참을성에도 한계가 있었다.

거기에 마침 아일랜드 출신인 머슴의 딸이 지나갔다. 그녀는 상냥하게 웃으면서 송아지의 입 속에 자기의 손가락을 집어넣었다. 그러자 이 모성적인 행위에 송아지는 순순히 외양간 속으로 따라 들어갔다.

에드워드는 고소(苦笑)를 금치 못했다. 그러나 에머슨은 바로 눈앞에서 본 교훈에 쇼크를 받아 우두커니 생각에 잠겨 서 있었다. 그는 잡지에 이 사실을 이렇게 썼다.

"나는 유능한 사람을 좋아한다."

인간은 송아지와 같은 것이다. 윽박지르거나 억압해 봤자 움직이지 않을지도 모른다. 그러나 납득할 수 있는 이유를 주어 보라—득이 되는 것도 그 하나—그렇게 하면 순순히 따른다.

이것은 정치 집회에 나온 농부와 같다. 어떻게 하면 인간을 더 일하게 할 수 있을까에 관하여 열띤 토론을 하던 정치 집회에서 한 농부가 일어나더니 이렇게 말했던 것이다.

"나는 인간이나 정치에 대해서는 알지 못한다. 하지만 소를 외양간에 넣으려고 할 때에는 어떤 사료를 사용하는 것이 가장 좋은가를 토론합시다."

인간에게 무엇을 시키려고 할 때도 사료—즉, 상대방의 이익—의 관점에서 이야기를 하지 않으면 안 된다.

이 계율의 사용법

아주 조금만 연습하는 것만으로 이 룰을 당신의 성격 속에 도입할 수 있다.

이 강력한 설득의 요소를 익히기 위해 기억해 두지 않으면 안 될 일이 네 가지 있다.

① 사실 대 의견
② 사실과 이익
③ 당신의 'BB총*'을 사용할 것
④ 다로우의 비결

(1) 사실 대 의견

당신이 누군가를 설득할 때는 대개 사실이냐, 의견이냐를 표현하고 있는 것이다.

자, 단순한 그리고 잔혹한 진리를 제시하면 당신의 의견은 거의 의미가 없다. 한편 사실은 커다란 의미를 가지고 있다. 사람들은 당신의 의견에 의해서는 간단히 움직이지 않는다. 반

*BB(Bulleseye Benefit)총:목표로 한 이점에 명중시킬 수 있는 총.

대로 사실에 대해서는 민감한 반응을 보이며, 또 이것으로 인해 움직이기를 잘한다.

예를 들면, 자동차의 세일즈맨이 "이것은 아주 경제적인 차입니다."라고 말하더라도 이것은 단순한 의견에 지나지 않는다. '팔기 위한 말'이라고 해석할 따름이다. 그렇지만,

"최근에 이 차 100대를 실험한 결과에 의하면 1리터의 가솔린으로 평균 14킬로미터를 달렸습니다."

라고 말하면 이것은 사실이다. 손님은 이것을 받아들여서 손익계산을 따질 것이다.

또 당신이 부모교육 프로그램의 멤버를 모집하려고 이렇게 말했다 하자.

"이것은 아주 좋은 조직입니다. 국내에서 1,2위를 다투는 부모교육 프로그램으로 생각합니다. 그러니까 부모되시는 분은 모두 참가해 주십시오."

이것은 당신의 의견이다. 영향력도 별로 없을 것이다.

그러나 다음과 같이 말하면 이것은 사실이기 때문에 훨씬 큰 의미와 설득력을 갖게 된다.

"이 교육 프로그램에 참가한 부모의 수는 전국에서 선택된 200명입니다. 1년에 네 차례 회합을 갖는데 분기(分岐)가 시작되는 첫째 화요일 밤 7시입니다. 이 회합에서는 교육의 문제점, 교사와 부모의 관계, 새로운 학습법, 아동 심리학 등을 토의 대상으로 합니다."

그러므로 당신이 설득하는 입장에 섰을 때에는 자기의 의견이 아니라, 사실을 체계적으로 정리하는 것이 중요하게 된다.

세상에는 사전 같은 사람이 있다. 가끔 회상하게 되지만 그렇다고 별로 진척도 없으며, 게다가 전혀 재미도 우습지도 않은 사람들이다. -W·펜-

(2) 사실과 이익의 차이

그러나 사실을 드는 것만으로는 불충분하다. 사실이 설득력을 갖기 위해서는 이익과 결부될 필요가 있다. 간단히 말하면, 사실을 말할 때에는 그 사실이 어떻게 상대방의 이익이 되는가를 항상 설명하라는 말이다.

어느 때, 나는 이 원칙을 알고 있는 세일즈맨에게 설득되어 선외 발동기(船外發動機)를 산 일이 있다.

처음에 나는 우연히 생각이 떠올라 조그마한 모터에 흥미를 가지고 전시실을 둘러 보았다. 세일즈맨들은 모두 다음과 같은 말로 의견이나 사실을 설명했다.

"이것은 슈퍼 콘웨어이며 5마력의 트윈입니다. 3포트, 회전 밸브, 교호 발화(交互發火) 파워헤드의 조립으로 피스톤의 배기량은 8.84 입방 인치입니다. 캐비레이션은 푸울 레인지 타이프이며 플로오트실, 혼합실, 슬로틀 밸브, 혼합기 조절, 니이들 게다가 흡입 매니홀드 접속부로 이루어져 있습니다. 매우 잘 만들어진 모터입니다."

틀림없이 훌륭한 모터였을 것이다. 하지만 나는 설명된 사실을 이해할 수 없으므로 이 이야기는 나에게 있어서는 아무런 의미도 갖지 않았다. 즉 이익과 결부되어 있지 않았던 것이다.

그러나 네번째로 만난 세일즈맨의 설명은 달랐다.

"아시는 바와 같이 작동시키는 데 있어서 가장 잘 일어나는 문제의 하나는 핀이 절단되었을 때입니다. 알기 쉽게 말씀드리면 이것은 물 속에 있는 해초(海草) 등에 부딪쳐서 모터 대신에 작은 핀이 부러진다는 말입니다. 이 제품에서는 이것이 개량되어 있습니다. 해초 등에 부딪치면 프로펠러가 멎게 되어 있습니다. 말하자면 유인이 잘 되기 때문에 차례차례로 유인하는 데 30분이나 멈추면서 모터를 수리하지 않아도 된다는 뜻입니다. 게다가 이 제품은 이런 종류의 것 가운데서는 지금 가장 잘 팔리고 있습니다. 그렇다고 해서 보통이라면 어떻다고 말할 수도 없습니다만 이 경우는 다릅니다. 즉 미국의 수리공들이라면 모두들 이 모터에 대해서는 잘 알고 있습니다. 부품도 가지고 다닙니다. 그래서 아무리 멀리 휴가를 가시더라도 수리가 필요할 때는 아무 때나 할 수 있습니다. 모터 수리를 위해 마을로 되돌아가거나 해서 휴가를 망칠 염려가 없습니다."

이 정도다. 자, 얼마나 차이가 있는가. 이런 식의 설득이 20분 동안 계속된 뒤, 나는 차의 트렁크에 그 모터를 싣고 전시실을 나왔다는 말이다.

이 세일즈맨은 사실을 설명할 때마다 그것에 의하여 내가 얻을 수 있는 이익을 보여 모터를 사는 구실을 가르쳐 준 것이다. 나에게 구입해야 할 이유를 부여한 것이다.

장사나 세일즈에서 이런 일이 곧잘 말해지고 있다.

"손님은 상품을 사는 것이 아니다. 손님이 사는 것은 그 상품이 그 손님에게 주는 이익이다."

향수를 사는 것이 아니라, 좋은 향기를 산다.

차를 사는 것이 아니라, 운전하는 편리함과 즐거움을 산다.

스포츠 입장권을 사는 것이 아니라, 레크레이션을 산다.

꽃씨를 사는 것이 아니라, 멋진 꽃밭을 산다.

넥타이를 사는 것이 아니라, 개성있는 외모를 산다.

밍크 코트를 사는 것이 아니라, 특권과 아름다움을 산다.

그러므로 사실을 설명하여 다른 사람의 행동에 영향을 주고 싶을 때에는 반드시 그 사람이 얻는 이익에 대한 설명이 중요하다. 이제 잠시 동안 되풀이하고, 또다시 되풀이하여 자신에게 이렇게 들려주라.

"사실과 이익, 사실과 이익, 사실과 이익."

상대를 설득할 때에는 항상 상대방의 이익과 관련지어 생각하도록 이 간단한 룰을 기억하라.

(3) 당신의 'BB총'을 사용하라

앞에서 주석을 달아 설명했듯, 이것은 목표의 이익에 명중하는 총이다. 누구에게라도 다른 이익에 비교가 되지 않는 중요한 이익이 반드시 하나 있는 법이다. 이것이 '목표의 이익'이다. 이야말로 항상 행동을 일으키게 하는 것이다. 이것이야말로 겨누어야 되는 목표이다.

예를 들면, 내가 알고 있는 의사는 10만 달러를 들여 새 집을 샀다. 그의 집을 방문하면 푹신한 융단 위로 안내된다. 그리고 벽에 걸린 그림을 떼고 자랑스럽게 벽에 은밀히 장치한 금고(金庫)를 보여 준다. 애당초 이 집을 사게 된 계기가 된 것은 '목표의 이익', 즉 벽 속에 있는 금고였다. 그것 때문에 그는 10만 달러를 지불한 것이다.

또 나는 차를 새로 산 친지에게 어디가 그렇게 마음에 들어 그 차를 샀느냐고 물어 보았다.

답은 외관에도, 달리는 상태에도, 어떤 장점에도 없었다.

그 차를 사기로 결정한 까닭은 자물쇠를 채우면 뒷문이 안으로부터 열리지 않기 때문이었다. 운전하는 도중에 어린이들이 도어를 열지 않을까 하는 걱정이 이 장치로 그런 걱정은 없어지게 되었다.

지금 이야기한 것과 같은 이유는 어쩌면 사소한 일에 불과한 것으로 보인다. 그렇지만 당사자에게 있어서는 어느 것이나 매우 중요한 점이다.

그러므로 사람들에게 이익을 설명할 때에는 사소한 것을 간과하지 않도록 주의해야 한다. 그리고 상대방이 '그 점까지는 생각하지 않았지만 과연 훌륭하다'라고 말하게 하라. 그렇게 말하게 할 만한 이점을 지적한 때야말로 제대로 '목표의 이익'에 명중한 때이다.

언제나 당신의 BB총을 쏘라. 이것이야말로 바로 당신이 가지고 있는 것 가운데에서 가장 강력한 설득의 도구이다.

(4) 다로우의 비결

미국이 낳은 가장 위대한 변호사 중의 한 사람, 클라렌스 다로우는 이렇게 말했다.

"감정이야말로 인간을 모티베이트 하는(의욕을 일으키는) 가장 좋은 방법입니다. 그것은 지성이나 상식이 아닙니다."

판사나 배심원을 설득할 때의 최대의 비결은 여기에 있었다.

"당신이 소망한 대로 판사나 배심원이 판결을 내리게 이끄는 것입니다."

그는 먼저 상대방의 감정에 호소하고, 그리고 나서 법률적인 입장에 서서 이유를 제공했다.

다로우는 인간이 행동을 일으키는 것은 논리에 따른 결과가 아니라, 감정에 따른 결과임을 알고 있었다.

아무라도 자기가 이렇게 하고 싶다고 생각하니까 그렇게 행동하는 것이다.

그러므로 당신이 말하는 이익도 상대방의 감정에 호소할 수 있으면 한층 강력한 것이 된다.

상대방의 애정, 호기심, 프라이드, 모험심, 특기, 행복, 소유권, 매력과 같은 감정에 호소할 수 있으면 상대방을 움직이는 말이 된다.

예를 하나 들자. 처음으로 감자가 유럽에 들어갔을 때, 프랑스 농민들은 감자를 받아들이기를 거부하였고, 프랑스 사람들은 먹기를 거부했었다.

그런데 여기에 머리가 영리한 사람이 있었다. 그 사람은 감자를 잘 이해하였고, 농업면에서의 중요성도 인정하여 감자를 몇 마지기나 심었다.

수확할 시기가 왔을 때, 밭에 다음과 같은 팻말을 세웠다.

"이 '땅 사과'는 귀족들이 먹기 위해서 생산된 것입니다. 손대는 사람은 엄중한 벌을 받게 됩니다."

그리고 낮에는 경비원을 채용하여 지키게 했다. 그러나 밤에는 지키는 사람이 없었다. 그러자 얼마 안 가서 감자를 훔쳐서 먹는 사람이 나타나고 마침내 밭에 심은 감자는 전부 없어지고 말았다. 그 결과 감자는 매우 인기있는 음식물이 되어 프랑스 사람들 사이에 퍼져 나갔다.

'감자는 먹을 수 있다'는 사실, 그것만으로는 사람들에게 감자를 먹게 할 수는 없었다. 그러나 감자라는 것이 귀족들이 먹기 위해 특별히 주문 생산되었다는 이유 때문에 사람들은 귀하게 생각했던 것이다.

이 경우 사람들은 논리에 의하여 행동한 것이 아니라, 감자를 먹고 싶다는 감정에 의하여 행동한 것이다.

제2차 세계대전 때에는 많은 물자를 입수하기가 어려웠다. 그래서 사람들은 오랜 시간 기다란 행렬을 지어 얼마 되지 않는 담배를 사려고 했다. 그러나 그 가운데에는 담배를 피우지 않는 사람도 많이 있었다.

이것은 특별히 담배 회사의 선전에 영향되었다는 뜻이 아니다. 그저 다른 사람들이 아쉬워하는 것을 자기도 입수하고 싶었던 것뿐이다. 이것도 감정에 따라 행동한다는 한 예이다.

다른 사람의 감정을 움직인다는 관점에 서서 이야기를 한다면 자연히 설득력있는 이야기를 할 수 있다.

여기에 루이 11세가 열애하였던 여성의 죽음을 예언한 점성가(占星家)에 대한 이야기가 있다. 예언대로 이 여성은 죽고 말았던 것이다. 루이 11세는 점성가의 예언이 이 여성을 죽인 것으로 생각했다. 그래서 왕은 벌로써 이 점성가를 창문 밖으로 내던지려고 기도했다. 점성가를 불러 들여 이렇게 말했다.

"너는 자기를 현명하고 학식이 있는 것으로 말하고 있다. 그렇다면 네 자신의 운명을 예언해 보라."

왕의 음모를 짐작한 점성가는,

"폐하, 저는 폐하가 승하하시게 되는 3일 전에 죽게 되어 있습니다."

라고 대답했다. 그래서 왕은 이 말을 믿고 점성가의 목숨을 소중히 하기로 했다.

이 경우 점성가는 자기가 더 살지 않으면 안 된다고 통사정하여 목숨을 연명할 수도 있었다. 그러나 그렇게 하는 대신에 왕의 오래 살고 싶다는 감정에 호소했던 것이다.

프랑스 계몽주의의 대표적 철학자 볼텔이 1727년에 영국을 방문했을 때 영국인의 대불감정(對佛感情)은 악화되어 있었다. 런던의 거리에서도 볼텔은 항상 위험을 피할 수가 없었다. 어느 날 산책하던 도중에 성난 시민들이 외쳤다.

"그를 죽여라. 프랑스인을 죽여 버려라."

볼텔은 이 소리를 듣고 멈춰 서서 외쳤다.

"영국인들이여, 내가 프랑스 사람이라는 이유 때문에 나를 죽이고 싶은가? 나는 영국인이 아니다. 이 사실이 나에게 있어서는 벌써 충분한 벌이 되고 있다고는 생각하지 않는가?"

이 말을 듣고 영국인들은 환성을 지르며 볼텔을 집까지 바래다 주었다고 한다.

이 경우도 논리적으로 행동했다고는 할 수 없다. 그들은 애국심이라는 감정에서 행동했던 것이다. 또 볼텔도 자기를 구하기 위해 자기의 이론에서가 아니라, 상대방의 이론을 이용할 만큼 현명했었다.

사람을 움직인다

벤자민 프랭클린은, 미국 역사상에서 설득력있는 지도자의 한 사람으로서 일컬어지고 있다.

그의 탁월한 설득능력을 알기 위해서는 다음에 드는 자서전(自叙傳)의 발췌문이 참고가 될 것으로 생각한다.

"사람들의 찬성과 협력을 얻으려고 해서 나는 몇 차례인지 반감이나 주저에 부닥쳐 왔습니다. 그러나 거기에서 나는 다음의 사실을 배웠습니다. 그것은 자기를 사람들보다도 우위에 세우려는 기획을 제안하여 그것을 실행에 옮기는 때의 일입니다. 그 기획을 행동에 옮기려면 아무래도 다른 사람의 원조가 필요합니다. 그러나 자기가 그 기획의 제안자임을 공개하는 것은 적당하지는 않다는 사실입니다. 그래서 나는 되도록이면 나 자신을 숨기고, 그 기획은 다른 많은 친구들의 기획인 것처럼 했습니다……. 이와 같은 방법에 의하여 내 일은 원만히 진전되었습니다. 나는 나의 성공한 경험에 비추어 진심으로 이 방법을 권하고 싶습니다."

당신도 프랭클린이 되자

프랭클린은 자기를 숨겼다. '자기가 그 기획의 제안자임을 공개하는 것은 적당치 않다'고 느꼈기에 자기를 숨겼었다.

다시 말하면 자기를 숨기고 다른 사람을 끌어들인 것이다. 그는 '유익한 기획을 제안하여 그것을 수행하려면 아무래도 다른 사람의 원조가 필요한데, 그 제안에 의하여 자기가 사람들보다도 우위에 설 때에는 다른 사람은 협력하여 주지 않는다'는 사실을 알고 있었다.

프랭클린은 설득력이 있는 인간이 되기 위한 다섯째의 계율을 지키고 있었다.

다섯째 계율

사람들을 행동에 개입시킬 것

사람들을 말려들게 하지 않고는 안 된다. 자기들도 그 일부라고 느끼게 할 필요가 있다. 행동에 영향을 주어 협력을 얻으려면 그것이 필요하다.

사람들을 행동에 끌어들이기 위한 이 계율을 지키는 데 도움이 되는 다섯 가지 방법이 있다. 이것은 어느 것이나 간단히 지킬 수 있는 것으로 강한 설득력이 있다.

인생은 한 권의 책과 비슷하다. 바보들은 그것을 척척 넘겨 가지만, 영리한 사람은 정성스럽게 그것을 읽는다. 왜냐하면 그는 오직 한 번밖에 그것을 읽지 못한다는 것을 알고 있기 때문이다. —장 파울—

방법 ①-'당신' 또는 '우리들'을 사용할 것

'나'라는 말을 사용하지 말고, '당신' 또는 '우리들'이라는 말을 사용하라.

여기서 한 저명한 음악가의 예를 들어 본다. 그가 어느 유명한 교회에서 오르간 콘서트를 열고 있을 때의 일이다. 휴식 시간에 음악가는 기지개를 켜고 싶어져서 오르간 뒤로 돌아갔다. 거기에는 나이 많은 노인이 파이프를 피우며 쉬고 있었다. 노인은 커다란 오르간에 공기를 불어넣는 일을 하고 있었다.

노인은 싱긋 웃으면서 "우리들의 콘서트는 매우 성공한 것 같습니다."라고 말했다.

이 말은 천재적인 음악가의 비위를 거슬렸다. 그래서 그는 "'우리들'이라는 말은 우습지 않은가요, 할아버지. 예술가는 저인데요. 콘서트를 열고 있는 것은 바로 이 사람입니다."라고 말했던 것이다.

그런 후에 그는 다시 오르간 앞에 앉았다. 관객도 자리에 앉고 장내는 정숙을 되찾았다. 그가 두 손을 높이 쳐들고 다음 곡을 연주하기 위해 포즈를 취하자 장내는 쥐죽은 듯이 조용해졌다. 그는 힘차게 건반을 두들겼다.

하지만 소리가 나지 않았다.

다시 한 번 건반을 두들겨 보았다. 그러나 여전히 소리는 나오지 않았다.

그는 일어서서 오르간 뒤를 넘겨다 보았다. 그 노인은 파이프를 뻐끔거리며 아직도 쉬고 있었던 것이다.

음악가는 모든 것을 이해하고 미소를 띄우며 말했다.

"당신 말대로입니다. '우리들'의 콘서트였군요."

'우리들'이라는 말이 이렇게 커다란 차이를 낳는다. 음악가가 '나'라고 말했을 때, 그 혼자서만 모든 영광을 차지하고 그 노인을 완전히 무시하고 있었다.

그렇지만 '우리들'이라고 말했을 때, 그 노인도 예술가의 일부가 되었던 것이다. 그는 자기도 관객을 기쁘게 하고 있다고 믿고 있었다.

자기도 그 상대방을 공유하고 있다고 느끼기만 하면 모든 것을 주는 것이다.

사람들을 동료로 끌어들이기 위해 '우리들'이라고 말할 것

내가 알고 있는 인기 가수 마리언 앤더슨이 언젠가 이런 말을 했었다.

"사람이 그 일생에 하는 일 중에 무엇 하나 완전히 자기 힘만으로 할 수 있는 것은 없다는 것을 깨달았을 때, '내가 이것을 했다. 내가 저것을 한 것이다. 내가, 내가.'라고 말하지 않게 됩니다."

당신의 인생에서 완전히 당신 혼자의 힘으로만 할 수 있는 일은 하나도 없다. 남이 한 일은 사소한 것으로 보이고, 쓸모없는 것으로 보일지도 모른다. 그러나 다른 사람이 없으면 당신은 오르간 연주자로서 콘서트는 계속할 수 없는 것이다.

마리언 앤더슨의 충고에 귀를 기울이라. '내가, 내가'라고 말하는 것은 그만 두고 다른 사람의 협력을 받았을 때에는 전부가 '당신', '우리들'을 사용하도록 하라.

모든 사람은 타인 속에 자기의 거울을 가지고 있다. 그 거울에 의하여 자기 자신의 죄악이며, 결점을 똑똑히 비추어 볼 수가 있다. 그러나 우리는 대개가 이 거울에 대하여 개와 같은 행동을 하고 있다. 거울에 비치는 것이 자기가 아니라, 다른 개라고 생각하고 짖어대는 것이다. —쇼펜하우어—

방법 ②-상대방에게 그것은 자기 자신의 생각이라고 여기게 할 것

카알 루더는 미국의 어떤 대기업의 세일즈 트레이닝 디렉터를 하고 있었다. 그는 온 세계를 돌며 사장이나 간부가 하는 일을 도왔는데, 그 수는 5만명 이상에 이르고 있다.

그리고 카알은 300명의 최고 경영자가 만든 조직의 회장으로 선출되었다. 카알이 왜 그만큼 능숙하게 사람들에게 일을 시킬 수가 있었던가를 알려면, 그의 일하는 태도를 보는 것이 가장 빠른 길이다.

그가 그 조직의 회장을 맡고 있던 때의 일이다. 카알의 지휘로 그 때까지 상상할 수 없을 만큼 아이디어로 가득한 혁신적인 프로그램이 기획되었다.

그러나 사실상 카알이 자신은 무엇 하나 뚜렷하게 아이디어를 가지고 있었다는 뜻이 아니다. 그는 아이디어를 제안해 주는 사람을 만날 때까지 차례차례로 그룹의 멤버에게 질문을 계속했던 것이다.

그리고 자기의 생각과 같은 생각을 한 사람을 만나면,

"그것은 좋은 생각이다. 해 보자."

라며 그 아이디어를 인정했다. 그리고 그 생각을 실행하는 것은 그 제안자에게 맡겼다.

"개입시켜야 한다."라고 카알은 말한다. '협력을 얻으려면 상대방을 개입시키는 것이 필요하다.' 그룹의 멤버는 이와 같이 하여 자기 자신의 생각을 실천에 옮겨 갔다.

50과 100의 규칙

사람은 다른 사람의 아이디어를 실행하기 위해서는 50%의 노력과 협력밖에 하지 않는다. 그러나 자기 자신의 이아디어에 대해서는 100%의 노력과 협력을 아끼지 않는다. 상대방에게 그것은 당신의 생각이요, 하고 믿게 하기는 그다지 어렵지 않다. **다만 그 생각의 아주 적은 부분만 보여 놓고** 상대방은 즉시 그것은 자기의 생각이라고 말하기 시작한다.

그러기 위해서는 다음과 같은 질문을 해 보라.

"이것을 어떻게 하면 좋을지 자네의 의견을 듣고 싶은데."

"지금 생각하고 있는 것을 실현하려면 무엇을 사용하면 좋은가? 뭔가 좋은 생각은 없는가?"

"어떤 사람은 이렇게 하면 된다고 말하는데 자네는 어떻게 생각하나?"

이 경우 상대방은 아주 약간의 아이디어만 내놓으면 된다. 당신은 곧 그것을 포착하여,

"그것은 좋은 생각이다. 자네가 말하는 대로 하자."

라고 말하면 된다.

이것만으로 100%의 협력과 노력을 얻을 수 있다. 이것만으로 카알 루더가 말한 것처럼 '상대방을 개입시키'는 것이 된다.

방법 ③-당신을 위해 상대방의 협력을 받을 것

쉰 살쯤 된 미망인 그레이스 톰프슨 부인은 훌륭한 주택가에 홀로 살고 있다. 이 부인이 다음과 같은 말을 해 주었다.

"이웃의 조그마한 집에 혼자 사는 부인이 이사를 왔습니다. 새 친구를 사귀는 좋은 찬스라고 생각하여 음식을 조촐하게 장만하여 가지고 갔습니다. 또 자그마한 강아지를 집안이 정리될 때까지 이틀 동안 보살펴 주었습니다. 여러 가지로 노력하여

그녀를 기쁘게 하여 주려고 했습니다. 그리고 나서도 며칠 동안은 신선한 요리를 만들어 보내 주기도 하고, 쇼핑을 해 주기도 했습니다. 이웃 사람들에게 소개하기 위해 다과회도 열어 주었습니다. 그런데 2,3일이 지나자 그녀는 아주 냉정한 태도를 보이기 시작했습니다. 6주일쯤 지났을 때에는 내가 싫은 모양이라고 생각하지 않을 수 없게 되었습니다.

그 즈음 나는 병을 앓게 되었습니다. 나는 그녀에게 전화를 하여 식료품을 사다 줄 수 있는지 물어 보았습니다. 그러자 그녀는 시장을 보아 줄 뿐만이 아니라, 잡지까지 가져다 주었습니다. 또 나의 식사를 만들기도 하고, 한가한 시간에는 거의 제 곁에 있어 주었습니다. 그 후 우리들은 가장 친절한 사이가 되었습니다.

나는 그때서야 어째서 친구가 되지 못하였는지를 알게 되었습니다. 나는 너무나도 그녀를 돌봐주고만 있었던 것이 문제였습니다. 그녀가 내게 무언가 해 줄 찬스를 조금도 마련해 주려고 하지 않았던 것입니다."

상대방에게 도움을 받는다는 것은 이쪽도 상대방에게 해준다는 말이 된다.

당신이 상대방을 행동에 개입시키고 싶으면 상대방이 당신을 위해 무언가 할 수 있도록 해 주는 것이 중요하다. 무언가를 당신에게 줄 수 있도록 해 주는 것이다.

톰 그란트는 대기업에 대한 판매에서 연간 400만 달러 이상을 얻고 있다.

톰의 이야기로는 누군가에게 점심을 한턱 내는 일은 좀처럼 없다고 한다. 그는 '진실로 상대방이 나에게 점심을 대접할 마음이라면 그가 나의 고객이라 할지라도 기꺼이 대접을 받는다.'라고 생각하며 행동했다.

"점심 식사로 비즈니스를 살 수 없다는 것을 알게 된 거야. 만일 점심 식사로 비즈니스를 살 수 있다면, 마찬가지로 잃을 수도 있다는 말이 될 거야. 손님은 나한테 부담을 주고 싶지 않은 거지. 오히려 때로는 나한테 무언가 해 주고 싶어서 견디질 못하지. 그렇게 되면 내가 답례로 서비스해 주더라도 손님은 부담을 느끼지 않고 끝나니까 기뻐하지."

상대방을 행동에 개입시키고 싶으면 상대방이 당신을 위해 무언가 할 수 있도록 해 줄 일이다.

방법 ④-상대방을 쇼에 가담시킬 것

저녁 때 집에 돌아가니까 국민학교 1학년 짜리 딸이 자랑스럽게 나한테 말했다.

"아빠, 굉장해요. 제가 학교에서 메신저로 뽑혔어요."

"그것 훌륭하구나, 쥬리야. 그런데 메신저란 무얼 하지?"

"우리 클라스의 메시지를 전부 가져다가 교장 선생님 방에까지 전하는 거예요."

그녀는 이 쇼에서 중요한 임무를 맡았기 때문에 학교에 대한 흥미가 훨씬 커진 것이다.

우리는 누구나 학교에서 선생님에게 일을 배당 받고 기뻐했던 국민학교 때와 별로 변하고 있지 않다.

유나이티드 컴퍼니의 중역 독크 쉐일라는 타이어의 판매법을 가르치기 위해 해마다 타이어 딜러를 찾아다니며 기나긴 여행을 하고 있다.

그는 선전 방법의 하나로써 항상 바닥에 타이어를 세워 놓아

둔다. 그리고 이야기를 하면서 그 타이어를 손님 쪽으로 가볍게 밀어 굴려 주면 손님은 그 타이어를 받아 타이어를 붙든 채로 거기에 서 있게 된다. 이렇게 함으로써 손님은 그 장면에 구성원의 한 사람으로서 참가하는 것이 된다.

독크는 "상품을 손님의 손에 넘겨 주지 않으면 안 된다."라고 충고하고 있다.

무언가를 상대방의 손에 건네 주어 할 일을 부여하라.

다음을 잊지 말 것. 사람들의 협력을 얻고 싶으면 사람들을 관객 속에서 끌어내어 쇼에 참가시키라.

방법 ⑤-상대방에게 명예를 부여할 것

허버트 험프리가 미국 부통령에 선출되었을 때, 상원(上院)에 공석이 생겼다. 후계자를 임명하는 것은 미네소타 주지사인 카알 롤버그의 권한이었다.

그런데 롤버그는 험프리가 미는 인물을 임명할 것이라는 소문이 나돌고, 신문도 그렇게 보도했다. 자기의 직무가 침해 되었다는 소문에 고민한 롤버그는,

"나는 워싱턴으로부터의 행진 명령은 받지 않는다."

라는 말을 남기고 휴가를 떠나고 말았다.

롤버그가 돌아왔을 때, 허버트 험프리는 자기 주의 시민들 앞에 나타나 기자단에게 말했다.

"나는 주지사인 카알에게 무엇을 하라고 명령하는 입장에는 서 있지 않다는 사실을 알아 주기 바랍니다. 카알은 지금 그 직무에 앉아 있습니다. 카알 쪽에서 나에게 해야 할 일을 명령하여 줄지는 모르겠으나, 나는 그에게 명령할 수는 없습니다."

얼마나 뛰어난 외교 수완인가? 험프리는 롤버그가 자기의 위에 서서 직무를 수행하고 있는 것을 분명하게 하고, 그 명예를 롤버그에게 주었던 것이다.

다른 사람을 개입시키고 싶다면 쇼를 연출하고 있다는 명예를 부여하라. 그 사람들이 없으면 쇼는 계속할 수 없다고 생각하게 하는 것이 필요하다.

사무실을 운영하고 있다는 명예는 당신의 비서에게 주어야 한다. 또 빌딩의 관리를 잘하는 것은 수위의 덕분이라고 말해야 한다. 이러한 사람들에게 쇼 가운데에서 중요한 임무를 주는 것이 중요하다. 사는 보람이 될 만한 책임을 갖게 하라.

또 어린이들에게는 방안이 잘 정리되어 있다고 칭찬하라. 상사에게는 생활이 보장되어 있다는 것을 감사하라. 손님에 대해서는 당신에게 일을 주고 있다는 명예를 주라.

어느 때라도 될 수 있는 대로 상대방이 한 일에 대하여 명예를 부여하는 것이 중요하다.

바람을 타라!

제자리엣! 준비잇! 탕!

출발의 총소리가 울렸다. 나는 힘차게 지면을 뒤로 걷어 차면서 800m를 향하여 돌진했다. 최후의 라인까지 무슨 일이 있어도 달리지 않으면 안 된다.

1938년 봄의 일이었다. 그 당시 나는 고등학교 3학년생으로 이 지역 레이스에서 이기면 주(州)의 최종 결승전에 출전할 수 있었다.

그러나 나는 스타트가 늦고 말았다. 몸을 곧게 일으켰을 때,

거센 바람이 나의 출발을 방해했던 것이다. 첫째 코너에서 나는 벌써 6위로 처지고 말았다. 백 스트레치를 뛰고 있을 때에도 강풍 때문에 마음과 같이 뛸 수 없었다. 다음 코너의 바깥쪽을 돌았을 때 코치가 손을 크게 흔들며 무언가 외치면서 나를 향해서 뛰어오는 것을 알아차렸다.

처음에, 나는 코치가 나를 응원하고 있는 것으로만 생각했다. 하지만 코치는 왼손을 입 위에 대고 오른손으로 무언가 신호를 계속 보내고 있었다. 나한테 이제부터 자기가 하는 말을 잘 들으라는 말이었다.

그는 필드를 가로질러 코너 끝머리의 트랙에 가까이 서 있었다. 그 곁을 지날 때, 분명히 그의 소리가 들렸다.

"바람을 타라, 보브! 바람을 타는 거야!"

지금까지 겪어 본 일이 없을 정도의 돌풍 속을 뛰고 있으려니 바른편 전방에는 코스가 펼쳐져 있는 것이 보였다. 그리고 선수마다 머리를 들어 가슴을 펴고 팔을 턱에 닿게까지 올리며 바람을 마주하고 뛰고 있었다.

나는 코치가 신호하는 뜻을 알았다. 나는 머리를 숙이고 바람 속에 드밀며 앞으로 쓰러지듯이 하면서 팔의 위치를 내리고 보조를 맞추어 원을 그리듯이 팔을 흔들었다. 그러자 드디어 바람의 저항이 적어졌다.

나는 6위에서 5위, 그리고 4위를 뒤로 제쳐 놓고, 마지막 코너에서는 1위와의 차이를 1m로 좁혔다.

결국 나는 지역 레이스에서 우승을 했으며 주(州) 레이스에 출전했다. 그러나 가장 중요한 것은 이 경험에서 값있는 교훈을 배울 수 있었던 일이다.

이 코치는 그 뒤 2,3년이 지나서 타계(他界)했다. 그러나 그는 늘 나와 함께 살고 있다.

인생의 풍파를 만나면 언제나 그 일이 되살아난다. 인생의 장애나 저항을 느낄 때마다 코치가 트랙 옆에 서서,

"바람을 타라, 보브! 바람을 타는 거야!"

라고 외치는 게 눈에 선하다.

여섯째 계율

큰 것을 얻기 위해 작은 것을 양보하라

다른 사람을 당신의 생각대로 움직이기 위해선 100%의 찬성을 얻지 않아도 된다.

이 교훈을 이해하여 실제로 활용하면 큰 성과를 얻을 것이다. 세일즈맨이 판매를 할 때 손님의 반대를 전부 극복하지 않으면 안 된다는 말이 아니다.

또한 상사는 부하에게 너무 많은 것을 기대해서는 안 된다. 부하가 회사의 방침이나 그 밖의 사소한 점까지 모두 찬성할 필요는 없다.

의원(議員)은 자기들이 내놓은 법안이 통과될 때, 수정되고 보완되는 것을 알고 있다. 그리고 마지막 고비에 이를 때까지 '바람을 타는 것'—즉 교섭하는 일—을 배우는 것이다.

또 부모들은 커다란 점에서 궤도를 벗어나지 않으면 사소한 일에는 어린이들의 선택의 자유를 인정해야 한다. 그럼으로써 어린이의 의지와 독립심이 길러지는 것이므로…….

결국에 있어서는 떡갈나무가 땅에 넘어지는 것은 거센 바람에 저항하기 때문이다. 그 증거로 갈대를 보라. 갈대는 바람을

따라 나부끼기 때문에 쓰러지지 않고 서 있을 수 있다.

이 기술을 응용한 화가

미켈란젤로가 걸작《다비드의 상(像)》을 완성하고 있을 때, 이것을 주문한 프로렌스의 곤파로니넬 소델리니가 작품을 보러 왔다.

이러쿵 저러쿵 비판적으로 감상한 뒤, 특히 코에 대하여 비평을 했다. 코만이 얼굴의 다른 부분과 조화가 이루어지지 않았으므로 그것을 고치도록 하라고 말했던 것이다.

미켈란젤로는 발판에 올라가 미리 바닥에서 주워 모은 대리석 가루를 뿌리면서 해머로 코 부분을 다치지 않게 두들겼다.

그가 발판에서 내려 오자, 소델리니는 상(像)을 올려다 보며 "응, 그렇지. 훨씬 나아졌다. 살아있는 것 같군."하고 외쳤다.

미켈란젤로는 감정적으로 반론을 제기할 수도 있었을 것이다. 그러나 그렇게 하면 고생해서 만든 작품 전체가 거절될지도 모른다. '바람을 타는 것'으로 미켈란젤로는 그 작품을 인정받을 수 있었던 것이다.

화가 나서 바람을 등에 지는 대신에 이 조각가는 사소한 점을 양보했다. 그 결과 조각은 받아들여진 것이다.

상원 의원의 '바람을 타는 방법'

나는 1964년 1월 어느 오찬회에서 당시의 상원 의원이며, 또 원내 정당 간사(政黨幹事)를 맡고 있던 허버트 험프리의 옆에 앉아 있었다. 우리는 그 해에 제안된 법안에 대하여 이야기하고 있었다. 그 가운데 있는 어떤 중요한 법안에 대하여 험프리는 이렇게 말했다.

"우리는 금년 안에 이 법안을 통과시킬 작정입니다. 물론 많은 저항과 장애가 있을 것은 각오하고 있습니다. 몇 가지 수정도 가하지 않고는 안 되겠지요. 그러나 어떻게 되든 반드시 통과시킵니다."

이것은 훌륭한 설득자의 말이라고 생각한다. 레이스를 시작하기 전에 이미 '바람을 탈' 필요가 있음을 알고 있었다. 변화에 거역하지 말고 저항을 적게 할 것을 생각하고 있었다. 큰 것을 얻기 위해 작은 것을 양보하지 않으면 안 된다는 사실을 알고 있었다.

나는 그 해에 험프리 상원 의원이 이 예언을 실현하는 것을 매우 흥미있게 지켜 보고 있었다. 그것은 예언대로 '바람을 타고' 통과되었다. 수정을 가하여 법안은 통과된 것이다.

상대방의 면목을 세울 것

사람은 설득되어 무언가를 할 때, 반드시 그 결정에 참가하고 싶어한다. 그래서 두세 가지 일에 대해 반대한다. 자기는 올바르다는 것을 원하기 때문이다. 일단 설득은 되었으나 자기의 면목을 세우고 싶은 것이다. 자기의 의견이나 행동이 영향을 받아 바뀌었다는 것을 인정하고 싶지 않기 때문이다.

'면목을 세워'주는 유일한 방법은 사소한 점에는 양보하여 주는 일이다. 설득한다는 것은 결국 의견의 거래를 하고 있는 것이다. "만일 당신이 이 커다란 점에서 찬성해 준다면 나는 다른 작은 점에서 당신에게 찬성합니다."라고 말하는 것과 같다. 그리고 이 거래가 성립되었을 때, 설득된 사람은 자기가 득을 보았다고 생각한다.

✱ 그대가 타인에게 바라는 것을, 그대도 타인에게 하여 주라. 이것이 계율이며 예언이다. -성서-

세일즈의 전문가도 이를 응용하고 있다

세일즈를 갓 시작한 세일즈맨은 '손님의 반대'를 극복하는 방법에 대하여 여러 모로 배운다. 그 결과 손님이 내세우는 모든 반대를 극복하지 않으면 안 되는 것으로 생각해 버린다. 그렇지만 이것은 커다란 잘못이다.

진정한 전문가는 그러한 방법을 쓰지 않는다. 내가 알고 있는 아주 뛰어난 세일즈맨 짐 맥코리는 이렇게 말하고 있다.

"손님이 반대를 하면 나는 언제나 '당신이 그렇게 말하는 것은 당연합니다'라든지, '그것은 좋은 일입니다'와 같은 말로 찬성합니다. 그렇게 말하면서 나는 판매를 하고 있습니다. 만일 그 반대 의견이 참으로 큰 것이라면 손님은 또 그것을 말하겠지요. 그렇지만 그다지 중요한 것이 아니면 나는 언제나 손님의 말에 따르고 있습니다. 그렇게 하면 사는 단계가 되어도 손님은 완전히 자기의 의지로 결정했다고 느낍니다."

설득력이 있는 인간이 되기 위한 여섯째 계율을 활용하여 짐은 꽤 성공한 인생을 걷고 있다.

결 론

작은 점에는 상대방이 마음껏 반대하도록 하라. 그런 후 상대방의 방법에 따라 상대방의 의견을 존중하여 면목을 세워 주라. 중요한 결정이나 행동에 대해서는 당신의 의견에 따르고 있는 한, 상대방을 기쁘게 하라. '큰 것을 얻기 위해 작은 것을 양보할 것'이라는 여섯째 계율에 따르라. 바람을 타고 될 수 있는 대로 길을 나아가기 쉽게 하여 저항과 장애를 적게 하는 것이 중요하다.

일곱째 계율

결코, 결코, 결코 논쟁하지 말 것

논쟁을 위한 논쟁

서로 주장이 맞서고 있을 때에는 기분이 폐쇄적으로 되어 버린다. 자기의 견해와 다른 의견 따위는 전혀 알려고 하지 않는다. 또 주장이 엇갈리고 있을 때에는 자기의 견해를 변호하려고 한다. 아주 약간의 논리만 통하면 절대로 견해를 바꾸지 않는다. 결심이 굳다. 그러므로 설득력이 있는 인간이 되려면 일곱째의 계율을 지켜야 한다.

그러나 당신은 '어째서 논쟁이 나쁜가? 정의를 위해서는 싸워야 한다.'라고 생각할지도 모른다. 또 논쟁에 이기는 것은 기분이 좋은 일이기도 하다.

그것은 확실히 그렇다. 그러한 일을 하기 위해서는 논쟁도 좋을지 모른다. 그러나 설득을 위해서는 결코 논쟁은 도움이 되지 않는다. 논쟁으로 무언가를 하게 할 수는 없다. 또한 논쟁에 이기는 것으로 정다워질 수도 없다. 그것은 지고 기뻐할 사람은 없기 때문이다.

당신은 '그렇다고는 해도 도저히 피할 수 없는 논쟁도 있다.'라고 말할지도 모른다.

그것은 사실임에 틀림없다. 그러나 적어도 피하는 노력은 해볼 수 있을 것이다.

그럼, 여기서 논쟁을 일으킬 듯한 상태에 있을 때, 논쟁을 피하여 설득해 가기 위한 다섯 가지 단계를 들어 보자.

현재도 이와 다름없다. 다만 모두가 점잖게 되었을 뿐이다. 우리들은 권총을 가지고 있지 않다. 그러나 '도전적인 말'이 사용되면 역시 싸움이 시작되는 것이다.

그리고 오늘날의 '도전적인 말'이란 상대방의 인간성이나 의견에 대한 공격을 뜻한다. 다음 예와 같은 말이다.

"자네는 좀 과장해서 말하고 있지?"

"자네는 틀렸어."

"자네는 오해하고 있는거야."

"무언가 완전히 생각을 잘못하고 있는 것 같은데?"

"그것은 잘못됐어."

"당신은 들은 일을 무엇이나 믿는군요."

상대방의 말이 비록 사실과 다르다고 하더라도 상대방과 말다툼을 하고 싶지 않다면 이런 말을 끄집어내서는 안 된다.

그 대신에 다음과 같은 '찬성하는 말'을 사용해 보라.

"그대로입니다."

"전적으로 찬성합니다."

"다른 사람들도 똑같이 생각하고 있을 겁니다."

"어째서 당신이 그렇게 생각하는지 잘 이해하고 있습니다."

이렇게 말하는 편이 '도전적인 말'보다도 기분 좋은 여운임에 틀림없다.

언쟁을 일으킬 듯한 상태에 대처하기 위한 둘째 단계는 될 수 있는 대로 상대방의 옳은 점을 찾아 내야 한다. 그리고 그것을 말해야 한다. 그렇게 하면 논쟁하는 대신에 의견의 일치를 볼 수 있다.

그렇지만 역시 차이점은 남을 것이다. 그때를 위해 셋째 단계를 소개하자.

단계 ①-상대방이 의견을 먼저 말하게 할 것

당신이 상대방보다도 먼저 의견을 말하면 상대방은 부정적인 감정을 품고서 대비하고 만다. 왜냐하면 논쟁은 먼저 마음 속에서 일어나기 때문이다.

당신이 무언가를 먼저 말하면 상대방은 재빨리 자기의 반론을 말하고 싶어서 좀이 쑤실 것이다. 그러므로 상대방에게 먼저 말하게 해야 한다. 상대방이 말하고 있는 동안은 조용히 들어야지 중단시켜서는 안 된다. 중단시키면 논쟁이 시작되고 만다. 이야기가 한창일 때, 방해하는 것은 누구나 싫은 것이다.

진정하게 설득하는 사람은 상대방의 침묵을 방해하는 것조차도 조심한다. 상대방이 무언가 생각하고 있을 때에는 그대로 상대방이 생각하도록 해 둔다.

결국 언쟁이 일어날 듯한 상태에 대처하는 첫째 단계는 상대방에게 먼저 이야기를 시키고 중단시키지 말아야 한다.

단계 ②-'도전적인' 말을 삼갈 것

당신은 옛날 서부극의 멜로드라마에 사용되던 이런 말을 들은 일이 있는가?

"동지, 저 친구의 말은 도전적인 말이야!"

이렇게 소리치며 다음 순간에는 권총이 불을 뿜는다.

'도전적인 말'이란 무엇인가? 옛날에는 비난이나 험담을 뜻했다. 서부극의 술집 장면에서는 포커 게임에서 속임수를 했다고 상대방을 비난하는 말이었다.

단계 ③-상대방의 우유부단이나 결점, 반대 등에 관해서는 자기 자신을 비난할 것

메소디스트파의 창설자 존 웨슬레가 여행 중에 만난 사람과의 논쟁을 재치있게 피한 이야기가 있다.

웨슬레는 마차로 여행을 하고 있었다. 동행은 젊은 장교였는데, 길동무로서는 안성맞춤이었다. 그의 단 한 가지 결점은, 말끝마다 성경 귀절을 인용하여 사람을 힐책하는 것이었다.

마차를 바꾸어 탈 때, 웨슬레는 장교 옆에 앉아서 말했다.

"당신과 여행하는 것은 참으로 즐겁고 또 앞으로도 즐거울 줄 압니다. 단 한 가지 청이 있습니다만……."

"무엇이든 말씀해 주십시오."

"그럼 부탁해도 되겠군요. 이제부터 여행을 계속하는 동안에 만일 내가 분수를 잊고, 힐책하는 말을 하는 일이 있으면 죄송하지만 나한테 주의를 줄 수 없겠습니까?"

장교는 빙그레 웃으며 머리를 끄덕였다. 그리고 나서는 여행하는 동안 힐책하는 말은 듣지 않았다고 한다.

웨슬레는 상대방의 결점을 자기의 결점으로 하여 자기를 비난했다. 그 결과 기분 나쁜 힐책을 피할 수 있었다.

싸움을 피하기 위한 셋째 단계는 상대방의 우유부단, 결점, 반대, 잘못된 의견 등에 대하여 상대방을 비난하는 대신에 자기를 비난하는 것이다.

이 방법을 활용하는 데 도움될 만한 말을 몇 가지 소개한다.

"나도 당신과 마찬가지로 생각하고 있습니다만, 과연 그렇게 하는 것이 옳은 방법일까요?"

"이 문제에 대한 반론을 설득할 정도로 내 머리가 좋았더라면 말야."

"당신이 반대하는 입장인데도 이 문제를 생각해 보려고 하지 않는 것은 완전히 제 탓입니다."

나는 이러한 유형의 말을 재치있게 사용하고 있는 우수한 세일즈맨을 알고 있다. 그는 손님이 사지 않을 때에는 곧잘 이렇게 말했다.

"손님, 저는 세일즈맨으로서는 별로 능숙하지 못한 것 같습니다. 이것을 가지고 있으면 손님에게 얼마나 도움이 되는가를 더 잘 설명할 수 있으면 좋겠습니다만, 그 점을 설득력 있게 말하지 못하는 것은 제 화술이 약하기 때문입니다. 제가 어떤 손님과 만나서 이 상품에 대한 여러 가지 이야기를 하고 난 다음, 1년쯤 지났을 때의 일입니다. 그 손님이 말씀하시기를 1년 전에 만났을 때, 내가 더 수완이 좋은 세일즈맨이었다면, 그 1년 동안에 이 상품을 사용할 수 있어서 많은 도움을 받았을 건데라고 말했던 것입니다."

상대방이 잘못되어 있거나 장기적인 전망이 결여되어 있다고 해서 상대방을 면전에서 노골적으로 비난하지 말일이다. 이때는 상대방과 같은 마차를 타고서 스스로를 비난하는 것이 더욱 효과적이다. 그렇게 하면 다투면서 서로 다른 방향으로 가는 대신에 일치점을 찾으면서 함께 문제를 해결할 수 있다.

단계 ④-개인을 논하는 것이 아니라 사물을 논할 것

이야기가 사사로운 것이 되지 않도록 조심하라. 논쟁의 시초는 개인적인 공격이다. 만일 의견의 차이가 있을 때에는 그 차이는 개인적인 감정이나 인간에 대해서가 아니라는 것을 분명히 해야 한다. 그것은 어디까지나 사물이나 일에 관해서라고 계속 강조하라.

다음 예와 같은 말이 도움이 될 것이다.

"이러한 사태에 관하여 토론을 하니까 서로의 사정을 잘 알게 되는군요. 이것은 당신은 물론이고 또 나에게 있어서도 아주 유익한 일이군요."

"결국에 있어서는 지금 이렇게 이야기하고 있는 것은 나나 당신에게나 개인적으로는 관계가 없는 일이군요. 그렇기 때문에 토론하기가 재미있습니다."

"함께 이 생각에 대하여 검토해 봅시다."

"이제부터 이 문제에 대한 반대 의견을 토론하는 것입니다만, 그 전에 잠깐 부탁할 일이 있습니다. 당신은 이 문제에 대하여 조금도 개인적인 감정은 품고 있지 않으시죠?"

이야기를 개인적인 것으로 이끌어서는 안 된다. 토론이 논리적으로 되지 않고, 감정적으로 되면 단순히 개인적인 이야기로 되는 것만이 아니다. 결국에는 큰 해결을 할 수 없는 논쟁으로까지 발전해 간다.

단계 ⑤-모든 면에서 이기려고 하지 말 것

항상 자기가 옳다고 주장하는 사람이 있기 마련이다. 이런 사람들은 어떠한 희생을 무릅쓰고라도 이기지 않고는 직성이 풀리지 않는다. 언제나 방위적이며, 경쟁심을 가지고 있다. 이러한 사람은 별로 인기를 얻을 수 없다. 왜냐하면 주위에 있는 사람들은 단 한 번이라도 그 사람의 잘못을 증명하는 찬스를 붙잡으려고 늘 열성적이기 때문이다.

당신도 이러한 사람이 되지 않도록 정신을 차리라. 인생의 모든 싸움에 이길 필요는 없다는 사실을 이 기회에 분명히 깨달아야 한다. 싸움을 피하기 위해 모든 수단을 강구하라. 그래도 그 이상 이야기를 계속하면 싸움이 될 것이 분명한 경우에는 토론을 중지하라. 토론하기를 거부하면 된다.

좋은 스포츠맨이 되자. 훌륭한 패배자가 되는 것이다. 상대방의 의견을 칭찬하고 그것으로 끝내야 한다. 그렇다고 해서 세계가 끝난다는 뜻은 아니니까.

긴 안목으로 보면 보답된다

잠시 책 읽는 것을 멈추고, 가장 싸움을 일으키기 쉬운 상대방은 누군지 곰곰이 생각해 보라. 거의 대부분이 가장 많이 만나는 사람들일 것이다. 전혀 알지 못하는 사람과 싸움을 걸거나 하지는 않는 것이다.

그러므로 언제나 의견이 일치되고 있음을 인정해 주라. 될 수 있는 한, 많은 기회를 발견하여 상대방의 정당성을 인정하라. 그러면 상대방은 더욱더 호감을 갖게 될 것이다. 언젠가 당신이 자기의 의견을 참으로 주장하지 않으면 안 되는 때가 온다면, 그때는 당신의 의견이 인정될 것이 틀림없다.

누가 그대를 슬프게 하고 기분을 상하게 하였을 때, 그대 마음이 진정되기까지는 항의하기를 삼가하라. 아무래도 항의하지 않으면 안 될 경우에는, 우선 정신의 흥분을 가라앉힌 다음에 하라. —에머슨—

논쟁을 피한다는 것은 누구에게나 곤란한 일이다. 그러나 논쟁이란 것은, 못(釘)과도 같은 것이어서 대가리를 때리면 때릴수록, 더욱 깊이 안으로 파고드는 것이다. —유웨날—

FOCUS

(1) 상대방의 입장에 서서 말할 것

① 자기의 의견이 아니라, 사실을 설명하라.
② 사실을 지적할 때에는 반드시 그 사실이 상대방에게 어떠한 이익을 가져다 주는가를 설명하라.
③ 'BB총'을 사용하라. 상대방의 '목표의 이익'을 강조하라.
④ 될 수 있는 대로 '다로우'의 비결을 활용할 것. 이익과 감정에 호소하라.

(2) 다른 사람을 행동에 개입시킬 것

① '나'라는 말을 사용하지 말고 '당신' 또는 '우리들'이라는 말을 사용하라.
② 상대방에게 그것은 자신의 생각이라고 생각하게 하라.
③ 상대방에게 당신을 위해 무언가를 하게 하라.
④ 상대방을 쇼에 참가시키라.
⑤ 상대방에게 명예를 주라.

(3) 큰 것을 얻기 위해 작은 것을 양보하라

제7장

상대방을 내편으로

타인의 결점을 숨겨주며
그 장점을 말해 주는 것은 사랑의 표현이며,
동시에 사랑을 얻는 가장 좋은 방법이다.
—석가—

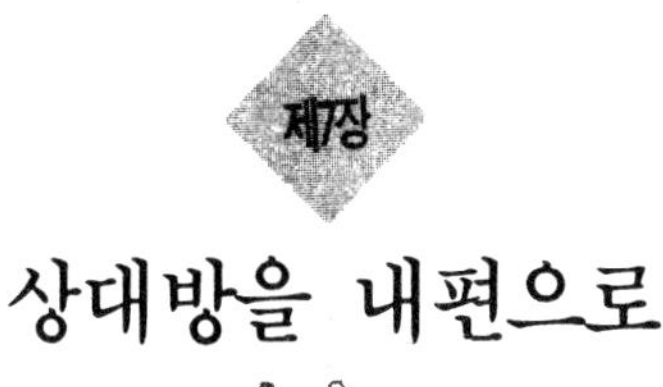

상대방을 내편으로

빌 스미드 씨에게

힘을 내십시오!

내 잘못이었습니다.

나는 영업부장으로서 몇 년 동안 이 회사의 세일즈 할당액을 책정해 왔습니다. 그러나 이것은 잘못이었습니다. 나는 할당액을 책정할 자격이 없습니다. 나는 실제로 담당구역에서 일하고 있는 당신들보다도 그 담당구역에 대해서 이렇다 할 지식을 가지고 있지 않았기 때문입니다.

그래서 빌 씨, 당신이야말로 담당구역의 잠재력이나 문제점을 가장 잘 알고 있는 사람입니다. 무엇을 어떻게 하면 되는지를 가장 잘 판단할 수 있는 것은 당신이라고 생각합니다. 일을 어떻게 하면 되는지, 목표를 어디에 두면 좋은지, 구역 안에서는 어떤 찬스가 있는지 당신이라면 알 수 있을 것입니다.

그래서 빌 씨, 내년에는 당신의 배당액은 당신 스스로 책정했으면 좋겠다고 생각합니다.

신중히 생각해 주기 바랍니다. 우리 회사의 기획은 모두가 현장에서 일하는 당신들의 성과에 달려 있기 때문입니다.

당신의 담당구역 예측을 앞으로 10일 이내에 제출해 주실 수 있을까요?

그럼, 잘 부탁합니다. 빌 씨.

주식회사 맨파워 센터
영업부장 우츠 라이프

나는 이러한 내용이 쓰여 있는 편지의 사본을 다 읽고 라이프에게 건네면서 이렇게 말했다.

"그래서 라이프 씨, 그 결과는 어떻게 되었나요?"

"예상 밖이었습니다. 각자의 배당액을 스스로 정하게 해보니까 우리가 정한 것보다도 10%에서 15%나 높이 책정하고 있습니다. 게다가 금년에 들어와서는 아직 5개월밖에 되지 않았는데도 이 페이스대로 가면 목표를 달성할 듯합니다."

이와 같이 한 통의 편지를 써서 한 가지 설득의 규칙을 적절히 사용한 것만으로 비즈니스는 크게 발전하여 엄청난 이익을 가져다 주었다.

즉, 이 영업부장은 설득을 위한 여덟째 계율을 지킨 것이다.

세상에는 물고기를 잡을 수 있는 사람과 다만 물을 탁하게 하는 사람이 있다.
—중국의 속담—

여덟째 계율

상대방에게 판단을 맡겨 자기 입장을 공평히 판단하게 하라

상대방을 심판하는 사람으로 하라

이 계율을 지키면 상대방을 심판하는 사람으로 만드는 게 된다. 눈앞의 상황을 공평하게 판단할 수 있도록 하는 것이다. 자기가 심판하는 사람이 되어 책임을 느끼면 방관자와는 전혀 다른 행동을 취하기 시작한다. 심판하는 사람은 모두 공평을 추구하여 사실을 쫓는 것이다.

너무 어리다는 말은 있을 수 없다

반 파워즈는 우리 성인반의 수강자 중의 한 사람이다. 그는 이 계율을 실제로 응용한 경험담을 클래스에서 이야기해 주었다. 자기의 열 살난 아들 토미에게 해 본 것이다.

토미는 그날 집에서 허용하고 있는 범위를 넘어서 먼 곳까지 자전거로 놀러 갔다. 꽤 오랫동안 돌아오지 않아서 반은 저녁 식사 전에 토미를 찾으러 나갔으나 찾을 길이 없었다. 결국 토미는 저녁 식사에 45분이나 늦게 돌아왔다.

여느 때 같으면 반은 얼마나 토미를 꾸중했었을까? 그런 날 밤에는 방에 가두어 놓았을지도 모른다.

그러나 그날 반은 전날에 클래스에서 배운 규칙을 응용해 보려고 생각했다. 그래서 토미에게 지금까지 무엇을 했었느냐고 물어 보고 나서 반은 토미에게 말했다.

"토미, 너는 오늘 자전거 타기의 규칙을 지키지 못했다. 가서는 안 될 먼 데까지 타고 다녔다. 그리고 저녁 식사에 45분이나 늦었다. 네가 나쁜 일을 한 것은 알고 있지?"

"예, 아빠."

토미가 대답하자 반은 말을 이었다.

"토미, 여느 때 같으면 아빠는 토미를 혼을 내주었을 것이다. 하지만 너도 이제는 무언가를 스스로 배울 나이가 되었다고 생각한다. 언젠가는 너도 부모가 되기 때문이야. 너의 아들이 자라면 너는 아이들한테 가르쳐 주지 않으면 안 되니까, 무엇이 옳고 무엇이 잘못인지 어떻게 가르침을 지키는지, 어떻게 해서 친구들과 친하게 지내는지, 또 때로는 벌을 받지 않으면 안 되는 일에 대하여 일러 주지 않으면 안 된다. 그래서 오늘은 토미 스스로 자기가 한 일을 생각해 보기 바란다. 네가 부모가 되었다고 생각해 보아라. 토미의 아이가 무언가 나쁜 일을 하면 당연히 벌을 받아야 한다고 생각하지 않니?"

"예, 아빠."

"그렇다면 잠시 여기 앉아서 생각해 보아라. 어떤 벌을 받아야 할지 스스로 결정하는 거야. 결정이 되면 아빠한테 와서 이야기하는 거야."

잠시 후에 토미가 왔다. 반의 말을 빌리면 아들의 판단력과 성숙도를 아버지가 자랑스럽게 생각할 만한 대답을 해 왔다.

"아빠, 저는 가서는 안 될 곳을 갔으니까, 얼마 동안 자전거를 타지 않기로 하겠어요."

라고 토미는 대견스럽게 말했던 것이다.

"얼마 동안 타지 않겠니?"

"잠시 동안."

"1주일 동안이면 어떠냐?"

"좋아요."

"좋아, 토미. 그럼 자전거 타기는 1주일 동안 연기한다."

반은 다음과 같이 이야기를 맺었다.

"이것은 아들이 배운 교훈 가운데에서 가장 유익한 교훈이었다고 생각합니다. 잠자리에 들기 전에 나는 토미에게 말했습니다. '아빠는 토미를 대단히 자랑스럽게 생각하고 있다, 너는 훌륭한 부모가 될 것으로 생각한다'고 말해 주었습니다. 이 규칙은 마법과 같은 것입니다."

사람을 믿으라

인간이란 우리가 생각하고 있는 것 이상으로 훌륭하다. 공평함과 정의감을 가지고 있다. 물론 감정적인 요소도 많이 가지고 있다. 충동적이기도 하고 논쟁적이기도 하며 자기 중심적이기도 하다. 그렇지만 개인의 책임에 대한 강렬한 양심이 있기 때문에 균형을 유지하고 있는 것이다. 그것이 바르기를 원하여 공평한 결론을 얻으려는 원동력으로써 항상 작용하고 있기 때문이다.

이 계율의 사용법

자, 이제부터 이 위대한 설득의 도구를 실제로 사용할 수 있도록 하나하나 단계를 설명하려고 생각한다. 그러나 첫걸음을 내딛기 전에 어떤 경우의 설득에도 직면할 것이 틀림없는 장애에 대하여 잘 이해하여 두자.

누구라도 상대방을 신뢰하지 못하는 사람은 흔히 상대방도 그를 신뢰하지 않는 그런 부류의 사람일 수가 많다. —맥밀란—

가장 커다란 장애

상대방으로 하여금 무언가를 해 주기를 바랄 때에 가장 커다란 장애가 되는 것은 상대방의 이기주의다. 이것은 어떻게든 극복하지 않으면 안 된다.

정도의 차이는 있을망정 사람은 모두가 이기주의다.

그다지 재미있는 일은 아니지만, 이것은 사실이다. 심리학자가 이기적이 아닌 행동 같은 것은 있을 수 없다고 한 말을 들은 일이 있다. 사람은 만족감—즉, 자기는 자비로운 인간이라는 기분—을 갖기 위해서라면 돈까지도 준다. 이것은 논할 만한 가치가 있다. 적어도 사람은 누구나가 자기 중심적이고 자기의 이익을 먼저 생각한다는 것은 부정할 수 없을 것이다.

당신이 능숙한 설득을 하여 상대방에게서 무언가를 받으려면, 먼저 이기주의라는 장애를 중화(中和)하고 약화시킨 다음 대처하지 않으면 안 된다. 이 사실을 잘 명심해 두어야 한다. 이것을 이해하면 벌써 상대방으로 하여금 무언가를 하게 하는 방법을 이해하기 시작했다고 해도 된다. 사람들은 뭔가를 이기적으로 추구하고 있기 때문에 행동을 전혀 일으키지 않는다는 사실을 이해하라.

예를 들면, 돈을 아끼기에 탐나는 물건이라고 해서 모든 것을 다 사지는 않는다.

레저나 편안함을 원하기 때문에 대체로 있는 힘을 다하여 일하려고 하지 않는다.

자기의 자주성과 독자적 방법을 원하기 때문에 때로는 협력을 거부한다.

자기의 생각이나 의견을 강렬히 인상짓기 위해서 반론을 펴게 되는 것이다.

어린이들은 자기의 독립성과 특권을 잃고 싶지 않기 때문에 부모의 감독이나 규율에 반항한다.

그것을 책망하지 말 것

이러한 눈에 보이는 것이나, 보이지 않는 것에 고집한다고 해서 이기주의를 책망하지는 말아야 한다.

인간은 음식물,의복, 사는 집, 사랑, 고마움, 특권, 그 밖의 크고 작은 것을 필요로 하여 구하고 있다. 만일 인간이 이기주의가 아니고 이러한 것을 추구하고 있지 않다면, 조그마한 구멍 속에 있는 당근이나 사탕무우와 조금도 다를 게 없다.

그러므로 인간 본연의 모습을 책망하지 말아야 한다. 이것이 설득의 여덟번째 계율을 사용하는 경우의 첫째이다. 이 전제조건을 일단 받아들이기만 하면 상대방을 설득할 때에 실제로 이것을 활용할 수 있게 된다. 이 장애를 오히려 설득의 도구로써 활용할 수 있다.

인간은 값비싼 것을 추구한다

세익스피어는 이렇게 말했다.

"처음부터 좋은 것 나쁜 것이 있는 게 아니라, 그 사람의 생각이 그것을 좋은 것으로나 나쁜 것으로 만든다."

그러므로 이 이기주의를 좋은 것으로 생각하라. 왜냐하면 많은 경우 이것은 좋은 것이니까. 인간은 자기 자신을 위해 좋은 것을 구하며, 좋은 평판을 구한다. 좀더 고귀한 사람이 되려고 하며, 덕망있는 사람이 되려고 한다.

이와 같이 자기의 인생에 있어서 훌륭한 것을 추구함으로 인하여 이기주의가 되는 것이다.

이 사실은 다음에 설명하는 계율,

'상대방에게 판단을 맡겨 자기의 입장을 공평히 판단하게 하라'의 첫째 단계인 것이다.

첫째 단계–적절한 동기에 호소할 것

"올바른 결정을 내리느냐 어떠냐의 책임은 바로 당신의 수중에 있는 거요."

"자네가 의지가 되는 줄은 잘 알고 있다."

"자네는 매우 공평한 사람이라는 평판이다."

이러한 말은 상대방이 갖는 고귀한 특성에 호소할 수 있다.

나는 이 설득에 대한 문제를 놓고 어느 중소기업 경영자들과 이야기를 나눈 적이 있다. 그런데 그 가운데의 한 사람이 느닷없이 웃음을 터뜨렸다.

"잠깐 말을 중단시키지 않으면 안 되겠다는 생각이 들어서요." 그는 좌중을 둘러보며 자신의 갑작스런 웃음에 대한 사의를 표한 후에 다시 말을 이었다.

"바로 지금 그것이 내 주변에서 일어났습니다. 부장 한 사람이 두 사원끼리 싸운다고 나한테 알려 주었습니다. 한 사람은 나이든 사람이고 좋은 평가를 받고 있습니다. 또 한 사람은 입사한 지 아직 몇 개월밖에 되지 않습니다. 이 싸움이 나한테까지 알려지게 되면 어떻게 대처하느냐는 대개 정해져 있습니다. 갓 입사한 신입사원이 사내에서 문제를 일으키는 것은 용서할 수 없다고 생각하고 있습니다. 그들은 오늘 오후 드디어 나를 찾아왔습니다. 신입사원 쪽이 나한테 자초지종을 들어달라고 말하면서 어느 쪽이 옳은지 결정해 달라고 했습니다. 또 나는 공평하게 판단을 내리는 사람이라는 평판이기 때문에 두 사람 다 나의 결정에 따르겠다고 말했습니다. 이 말에 힘입어 내 태도는 바뀌었습니다."

그는 진지한 표정으로 빙긋이 웃으면서 이야기를 계속했다.

"나는 신중하게 두 사람의 이야기를 듣고 나서 신입사원 쪽에 승리를 판정하였습니다. 나이 많은 사원 쪽이 분명히 분에 넘치는 행동을 했기 때문입니다."

이와 같이 커다란 차이가 생기는 것이다. 자기가 수행하지 않으면 안 될 책임이 있고, 좋은 평판이 있다고 생각되면, 그것을 무엇보다도 중요하게 생각한다. 편견을 갖거나 불공평한 판단을 하지 않게 된다.

이것이야말로 앞에서 소개한 영업부장이 지역담당 세일즈맨에게 보낸 편지의 효과와 같다. 그 편지 한 통이 지역담당 세일즈맨 모두를 영업부장이 되게 했던 것이다.

아버지와 아들의 이야기도 마찬가지이다. 소년은 아버지의 역할을 맡아 수행하지 않으면 안 될 책임이 부여되었었다.

이기주의를 어떻게 극복하면 좋은가?

이와 같이 첫 단계는 사람에게 설득되어 무언가를 한다는 대에 대한 저항을 약화시키고 이기적인 반항심을 약화시키기 위한 도구이다. 그렇게 함으로써 상대방을 움직이는 고귀한 동기에 호소할 수 있다.

둘째 단계-사실을 명확히 할 것

자, 상대방은 심판인이 되었으므로 여기서 재판을 열자. 모든 사실을 밝혀 내자. 그리고 다시 한 번 고쳐보고 심의하자. 기록할 필요가 있다면 기록도 해 보자.

지금이야말로 당신은 공평하지 않으면 안 된다. 왜냐하면 모든 사실을 검토하지 않으면 안 되기 때문이다. 나쁜 점이나, 좋은 점도, 찬성이나 반대도. 당신의 목적에 반대되는 사실도, 목적에 부합되는 사실도 다 함께 나타내라.

이렇게 하지 않고는 진정한 재판이 될 수 없다. 그리고 이 설득법은 정직한 마음가짐으로 성실하게 하지 않으면 안 된다.

만일 상대방이 당신보다도 사실을 더욱 자상하게 알고 있다면 그것을 잘 고려할지 어떨지를 자문하는 것이다. 영업부장이 편지로써 한 일은 바로 이것이다.

모든 사실이 다 갖추어졌다면, 다음 단계로 나아갈 준비가 마련된 것이다.

셋째 단계—그 사실이 바르다는 동의를 얻을 것

그러면 그 사실에 대한 상대방의 의견을 들어 보자.

그 사실은 옳은 것일까?

상대방은 동의하고 있을까?

'좋지 못한 일을 한 것은 알고 있군.'하고 아들에게 질문한 아버지의 일을 잊지 말 것.

여기서 한 마디 주의해 두자. 결코 논쟁하지 않아야 한다. 상대방이 모든 사실에 동의하지 않더라도 걱정할 것까지는 없다. 이것이야말로 앞 장에서 설명한 '이름을 내던져 성과를 얻어라.'의 참으로 좋은 예이다.

사실을 재검토하고 그것이 진실임에 대해 동의를 얻으라. 이 단계에서는 사소한 점에 대하여 불평을 하는 경향이 있다. 왜냐하면 자기의 생각이 변경되는 것이 아닌가 하여 불안하기 때문이다. 그러나 여기에서는 단순히 상대방의 이야기를 잘 들어두는 정도로만 하라. 다음은 넷째 단계에서 설명하자.

넷째 단계—상대방에게 시간을 줄 것

설날에 화로불을 쬐면서 구워먹는 '인절미'를 알고 있을 것이다. 숯불을 피우고 석쇠를 사용하여 굽는 떡이다. 석쇠에 올려 놓아도 얼마 동안은 전혀 변화를 보이질 않는다. 그러나 갑자기 부풀어 올라서 어느 한 부분이 터지며 이윽고는 떡 전체가 부풀어 오른다.

인간의 양심이라는 것도 이 인절미와 같은 것이다. 일단 불에 덥히게 되면 마음과 행동의 모든 영역을 커버할 때까지 부풀어 오른다. 그러나 거기에는 잠시 시간이 걸린다. 그래서 넷째 단계는 상대방이 다시 한 번 생각하게 하는 방법이다.

양심에는 뜸을 들일 시간이 필요한 것이다. 커피포트 속의 커피와 마찬가지로 끓는 시간이 길면 길수록 짙게 된다.

그렇다. 여기서 당신이 해야 할 일이 하나 있다.

이야기를 중지해야 한다.

조용히 하라.

상대방으로 하여금 생각하게 하라.

침묵을 두려워해서는 안 된다.

'이야기를 먼저 시작한 쪽이 진다'라고 자신에게 말하라.

판매의 할당액 책정에 있어서 생각을 하도록 10일 동안 기간을 준 영업부장을 상기하라.

또 아들에게 벌을 준 아버지를 상기하라. 결론이 나오면 곧 자기한테 오라고 말한 아버지를.

자, 이것으로 가장 강력한 설득 방법을 배운 것이 된다.

이 다른 사람과 원만히 지내는 방법에 관한 나 자신의 개인적인 경험이 있다. 이를 활용하여 무척 성공한 일이 있다. 그 결과 이 방법에는 많은 이점이 있다는 사실을 알았다. 몇 가지 여기에 소개하면 다음과 같다.

(1) 상대방은 결코 '설득되었다'는 인상을 갖지 않는다.

(2) 상대방이 올바른 결론을 얻을 수 있었던 것은 반드시 자기 스스로가 결정했기 때문이라고 믿게 한다.

(3) 나는 상대방의 원숙과 성장을 돕기를 원한다. 상대방의 행동이나 의견의 인도자로서 상대방의 양심을 절대 신용한다. 그렇게 하는 것이 상대방을 성장시킨다는 사실을 의심하지 않는다.

주의

이 방법을 활용하는 경우 먼저 서술한 룰을 어기지 않도록 주의해야 한다. 그 룰을 다시 한 번 들어 보자.

(1) 논쟁하지 말 것.

(2) 당신 자신, 당신의 본심, 감정, 의견 등을 겉으로는 나타내지 말 것. 상대방의 양심, 감정을 끌어낼 것.

(3) 열성적일 것.

(4) 넷째 단계 다음부터는 침묵할 것.

일을 부탁하는 방법

당신은 다음과 같은 회화를 몇 번인가 들은 적이 있을 것이다. 토미가 새학년의 1학기 성적표를 가지고 집에 돌아왔다. 어머니는 그것을 보고 놀라며 말한다.

"토미, 성적이 좋지 않구나, 어째서 네 형의 성적을 따라가지 못하니?"

"그렇지만 엄마, 좋은 성적을 올리라고 나한테 부탁하지 않았잖아요."

"어쩜, 네가 하는 일은 무엇이나 언제고 부탁하지 않으면 안 된다는 말이냐?"

정말 유감스런 일이지만 그런 것이다. 적어도 한 번쯤은 말해 주든지, 부탁하지 않으면 안 된다. 그것은 어린이, 어른, 노인, 고양이, 말, 개, 모두가 같다. 그들에게 해 주기를 바라는 것은 부탁하지 않으면 안 된다. 이런 정도의 일은 흔히 있는 간단한 현상이다.

설득할 때 부탁하지 않는다는 것은 가장 큰 잘못이다. 무언가 하도록 사람들은 잘 납득시켜도 부탁을 하지 않으면 설득의 노력은 헛되이 되고 만다.

100만 달러의 값어치가 있는 부탁

예전에 마샬 휠드의 어머니가 시카고 대학에 100만 달러를 기부한 일이 있다. 같은 시카고에 있는 노우드웨스턴 대학에서는 이 사실이 이사회에서 문제가 되었다. 왜 노우드웨스턴 대학에서는 시카고 대학처럼 기부를 받지 못했느냐를 놓고 말이 많았다. 노우드웨스턴 대학의 이사 한 사람이 그 이유를 알아냈는데, 그것은 놀랄 만큼 간단했다.

"노우드웨스턴 대학은 나한테 기부하여 달라고 부탁한 일이 없지 않습니까?"

간단한 부탁, 요청을 했기 때문에 시카고 대학은 100만 달러를 획득했다. 부탁할 줄을 알았기 때문이다.

설득할 때에는 이것이 반드시 100만 달러의 값어치를 낳는다. 설득하는 과정에선 결정적인 요소가 된다. 그럼, 설득력이 있는 인간이 되기 위해 아홉째 계율로 옮겨 가자.

아홉째 계율

명확하고 힘차게 기지(機智)를 가지고 부탁할 것

나는 화법을 배우는 수강생들에게 사람을 설득해 보고 싶은 점을 하나씩 쓰도록 했다. 그들의 대답은 다음과 같았다.

"아내에게 금연을 시키고 싶다."

"상사에게 급료를 올려달라고 하고 싶다."

"비서에게 짙은 향수를 쓰지 말도록 하고 싶다."

"이웃 어린이들이 우리 장미화원에 뛰어들어 가지 못하도록 하고 싶다."

"항상 내 차를 타는 사람이 연료비를 조금이라도 내주도록 부탁하고 싶다."

대충 이런 정도였다. 그렇지만 여기에 놀라운 사실이 있다.

"그럼 해 주었으면 하는 일을 실제로 부탁한 사람은 몇 사람이나 있습니까?"

물어 보니 열 사람에 한 사람 정도밖에 안 되었다. 이것이 현실이다.

대부분의 사람은 여러 가지 설득 방법을 이용하여 그것을 말하려고 노력은 하고 있으나 실제로 부탁을 하는 사람은 열에

한 사람 정도에 불과하다.

영업부장들의 이야기를 들어 보아도 세일즈맨이 저지르기 쉬운 가장 큰 과오는 여기에 있다고 한다. 즉 주문을 받을 때 부탁을 하지 않는 것이다. 세일즈맨은 상품의 홍보에 많은 노력과 시간을 쏟는다. 또 관계자에게 점심을 한턱 내거나 멀리까지 손님을 만나러 가기도 한다. 그런데도 '주문해 주십시오'하고 부탁은 하지 않는다.

'예스'를 얻는 법

당신이 바라고 있는 대답을 정당한 방법으로 얻으려면 기교(finesse)가 필요하다. 남에게 무언가를 부탁하고 '예스'라는 대답을 얻으려면 기술이 필요하다.

언제나 바라는 대로 대답을 얻고 있는 사람이 있기 마련이다. 그들은 대체 어떤 방법을 사용하고 있는가. 그것을 알기 전에 먼저 부탁하는 방법의 ABC에 대하여 알아 둘 필요가 있다.

집요할 것

어린이에게 무언가를 시키려고 한다면 한 번 말하는 것만으로는 효과가 없다는 것은 아마 당신도 알고 있을 것이다.

"너한테 뭘 좀 시키려면 대체 몇 번 말해야 되니!"라고 어머니가 어린이에게 하는 말은 흔히 듣는 말이다. 이것은 어머니의 인내력을 시험하는 것과 같다.

그 까닭은 명백하다. 인간은 무언가를 하기 위한 행동에는 선천적으로 저항하는 것이기 때문이다. 그러므로 사람들에게 무언가를 해 주었으면 하고 생각한다면 한 번 부탁하는 것만으로는 불충분하다. 이 사실을 먼저 알아야 한다.

설득하려면 때로는 집요할 필요가 있다. 여기에서 중요한 점은 집요하게 부탁하면서도 집요하다는 인상을 주지 않아야 한다는 점이다.

설득은 투구(投球)와 같다

프로 야구에서 투수는 타자와 겨룰 때 작전상 여러 가지 구질을 가지고 승부한다. 슬라이더, 커브, 직구, 변화구 등이 바로 그것이다.

반대로 변화구를 잘 받아치는 타자에게는 직구를 던진다. 직구를 노리고 있는 타자에게는 변화구를 던진다.

솜씨있게 부탁하는 방법도 이와 다를 바 없다. 몇 번이고 부탁할 때에는 그 때마다 다른 방법으로 부탁해야 한다. 이 장에서 소개하는 갖가지 부탁 방법을 연습하면 효과적으로 부탁할 수 있게 될 것이다.

저항이 가장 적은 방법

사람은 언제나 저항이 가장 적은 방법을 선택한다. 시간이나 노력을 필요로 하는 일을 부탁하면 상대방은 '노우'라고 말할 것이다. '예스'라고 말하기 보다도 쉽기 때문이다. 물론 이것은 이제부터 소개하는 방법을 사용하지 않으면 안 된다는 말이며, 이 방법을 사용하면 그런 일은 일어나지 않는다. 말하자면 여기에 소개하는 방법은 사람들에게 '예스'라고 말하게 하는 것이기 때문이다.

아홉번째의 계율 '명확하고 힘차게 기지를 가지고 부탁하기를 게을리 하지 말 것'을 사용할 때는 다음 다섯 가지 방법을 따르는 것이 효과적이다.

(1) '과자' 방법

어린이는 어떻게 과자를 달라고 조르는지 잠깐 살펴보자.

"엄마, 과자 먹어도 좋아요?"

"안 돼요."

"어째서 안 돼요?"

"엄마가 안 된다고 하기 때문에 안 돼요."

"하지만 어째서 안 돼요? 괜찮지요?"

"안 돼요."

"어째서 하나라도 먹으면 안 돼, 엄마?"

"안 되기 때문이야."

"어째설까?"

"알겠어요. 하나만 먹어요. 그것만이에요. 알았지?"

"알았어요."

이처럼 어린이들은 '과자 먹어도 좋아요?'라는 말을 계속하지 않는다. 그런 말만 해서는 '안 돼'라는 말은 듣지 않을 수 없기 때문이다. 그래서 '어째서 안 돼요?'라고 말하는 것이다.

그런 말을 들으면 엄마는 그것에 대하여 대답하지 않으면 안 된다. 만일 그럴싸한 대답이 얼른 떠오르지 않으면 귀찮게 된다. 까닭을 생각해서 대답하기 보다는 '예스'라고 말하는 편이 간단한 것이다.

그러므로 왜냐고 물어야 한다. 처음에 부탁할 때 이렇게 질문하면 된다.

"빌! 어째서 자네는 청년회의소의 멤버에 가입하지 않나?"
이렇게 물으면 빌은 대답하지 않으면 안 된다. 대답하지 않으면 찬성하고 있는 셈이 되기 때문이다. 거기에 빌이 왜 멤버가 안 되는지, 그 이유를 대답했다 해도 그것만으로는 멤버가 되지 않겠다는 말은 되지 않는다. 단순히 어째서 멤버가 되지 않느냐의 이유를 말하는 데 불과하기 때문이다. 그래서 다음 방법을 사용할 수 있다는 뜻이다.

(2) 전문가의 질문 방법

전문가는 상대방에게 원하는 일을 시키기 위해 능숙한 방법을 쓰고 있다.

증권업자, 의사, 변호사, 치과의사가 당신에게 무언가 해 주기를 바랄 때, 다음과 같은 말을 많이 쓴다.

증권업자 : 제너럴 모터스에 투자하시는 게 좋다고 생각합니다. 1,000달러 하시겠습니까, 아니면 2,000달러 하시겠습니까?

의사 : 당신의 편도선은 수술하지 않으면 안 되겠군요. 다음 주 월요일에 입원할 수 있습니까? 너무 빠를까요?

변호사 : 소송을 제기합시다. 조서를 꾸미기 위해 내일 9시에 사무실로 와 주시겠습니까?

치과의사 : 자신도 모르는 사이에 뻗어 나오고 있으니까 뽑읍시다. 여기서 뽑으시겠습니까? 아니면 다른 병원에서 하시겠습니까?

사람에 따라 어떻게 하는지 짐작이 갔을 것으로 생각한다.

어느 경우도 그들이 먼저 큰 결정을 하고 나서 당신에게는 작은 결정만을 시키고 있다.

증권업자는 제너럴 모터스에 투자할 것을 정하고, 그 액수는 당신에게 맡겼다.

변호사는 소송을 제기할 것을 정하고 사무실에 나올 날을 당신이 정하도록 하고 있다.

치과의사는 이를 뽑기로 결정하고, 어디서 하느냐 하는 결정을 당신에게 맡겼다.

이와 같은 방법을 당신도 이용할 수 있다. 당신은 큰 결정을 하고 상대방은 작은 결정을 하게 한다. 그렇게 하면 상대방은 '예스'라고 말하기 쉬운 것이다.

(3) '앵무새' 방법

무언가를 하도록 부탁을 받으면 거기에 대해 질문을 하여 시간을 벌고, 속임수를 쓰려고 하는 사람이 흔히 있다. 질문에 대한 답에 시간을 끌거나 아니면 엉뚱한 대답을 하여 그 결과 '노우'라고 대답할 수 있기를 바라고 있다. 변명할 수 있기를 바라는 것이다. 그러나 이런 때 앵무새처럼 그 질문을 되던져 보라. 다음과 같은 경우이다.

어떤 손님이 "15일까지 배달해 줄 수 있습니까?"라고 물으면, "15일에 배달해 주기를 원하고 계십니까?"라고 되묻는 방법이다. "회사에 물어 보지 않고는 모릅니다."라고 대답하는 것은 절대 금물이다.

또 남편을 보고 당신이 "영화보러 가지 않겠어요?"라고 했을 때, 남편이 "무슨 영화?"라고 했다 하자. 이럴 때 당신은 "당신은 무슨 영화를 보고 싶으세요?"라고 오히려 되묻는 것이 효과적이다.

자, 여기서 당신이 되물은 질문에 남편이 답한다면 영화를 보러 가는 것은 결정적인 것이 된다. 그럼 어떤 영화를 보는가는 사소한 일이다. 뒤에 결정하면 된다. 어쨌든 먼저 당신의 소망에 답을 얻는 것이 중요하다.

이와 같이 되묻는 질문에 상대방이 '예스'라고 대답하면 최초의 질문에 '예스'라고 대답한 것과 같은 말이 된다.

(4) 엑스퍼트 방법

이 방법은 몇 년 전에 비이라는 이름의 조그맣고, 예쁘장한 여성에게서 배운 방법이다. 어느 날 밤, 인간성을 풍부하게 하는 클래스에서의 일이었다.

모두 이 즈음의 점원들의 건방진 태도를 비난하고 있었다. 점원은 퉁명스럽고, 무관심하고, 무례하고, 손님을 경시하고 있다는 말들이다. 특히 소매점의 점원은 못 쓰겠다고 예를 들어 불평을 하는 사람도 있었다.

마지막에 그녀가 입을 열었다.

"저는 점원들의 그런 태도를 비난할 수는 없다고 생각합니다. 왜냐하면 그들은 때때로 심하게 다루어지고 있습니다. 나는 언제나 점원한테서 좋은 서비스를 받고 있습니다. 무척 친절하게 대해 줍니다. 그렇지만 거기엔 방법이 있습니다. 나는 먼저 점원에게 가까이 가서 이렇게 말합니다. '물건을 사려는데 당신이 여러 가지로 가르쳐 주어야겠습니다. 나는 물정을 몰라서 잘 알고 있는 사람에게 조언을 받고 싶습니다.'이렇게 말하면 그들은 자기를 중요한 인간이라고 느낍니다. 나는 단추를 살 때나 냉장고를 살 때도 늘 이 방법을 쓰고 있습니다. 그렇게 하면 점원은 무척 열심히 정성껏 가르쳐 줍니다."

클래스의 멤버는 다들 다음 주에 비이 씨의 방법을 써보고 그 효과에 대하여 클래스에서 보고하기로 했다. 많은 보고를 받게 되었다. 그때부터 나는 이 비이 씨의 방법을 사용하고 있다. 상대방을 전문가처럼 다루면 그와 같이 응해 주는 것이다. 물론 이 방법의 비결은 상대방에게 어떤 점에서 당신보다도 뛰어났다고 생각하게 하는 데 있다.

"당신이 훨씬 잘 아니까 거들어 주십시오."

"이것에 대해서는 당신은 나보다도 훨씬 경험이 많습니다."

"요령을 좀 가르쳐 주지 않겠습니까?"

"자네는 나보다도 잘 알고 있으니까 원조해 주겠지?"

나는 이 방법을 아내에게 가르쳤다. 그러자 아내는 즉시 실천에 옮겼다. 내가 아내보다도 치킨을 굽는 방법이 낫다고 말하며 나한테 굽게 하고 만 것이다. 이것은 벌써 10년 전의 일이지만, 현재까지 나는 치킨을 굽는 담당이 되고 있다.

(5) '해 주실 수 있습니까?' 방법

날마다 사람들과 접촉할 때, 조그마한 일을 '해 주십시오'라고 부탁하는 이외에는 방법이 없는 경우가 얼마든지 있다. 큰 결정이나 선택을 필요로 하지 않는 일들의 경우이다. 이러한 때는 "해 주실 수 있겠습니까?"라고 부탁하는 것만으로 된다.

다른 사람에게 약간의 일을 해 주도록 부탁하는 것은 간단한 것처럼 보이고, 또 중요하지 않은 것처럼 보인다. 그러나 그것은 잘하지 않으면 상대방을 대단히 노하게 하는 것이 된다.

여기에 몇 가지 룰을 소개한다.

명령하지 말 것

상대방을 절대로 명령해서는 안 된다. 이것은 흑판을 손톱으로 할퀴는 것과 같다. 상대방은 등골이 오싹해짐을 느낄 것이다. 군대나 어린이의 교육, 침대의 정리라면 명령을 해도 좋은 때가 있을 것이다. 그렇지만 결국 명령은 힘이다. 우리는 지금 설득 방법을 배우고 있는 것이다.

까닭을 말할 것

"나를 위해 이것을 해 주시겠습니까?"

이렇게 말해서는 안 된다. '나를 위해' 보다도 더 좋은 구실을 생각하라. 몇 번이고 이것을 되풀이하면 상대방은 당신의 심부름꾼 같은 생각이 들고 말 것이다. 그러니까 다음과 같이 말하라.

아내 : 죄송하지만 내일 당신의 아침 상에 놓게 달걀 좀 사다 주지 않겠어요?

상사 : 배달이 늦으면 안 되니까 모티베이션 시스템 회사에 편지를 좀 전해 주지 않겠나?

아버지 : 길에서 자전거를 좀 치워 주지 않겠니? 자동차가 부딪치면 안 되니까?

아무래도 구실을 찾을 수가 없으면 적어도 정중하게, 그리고 명확하고 기분 좋게 부탁하는 방법을 쓰라.

상대방을 당신 편으로 만드는 법

당신이 난생 처음으로 제트 비행기를 탔다고 하자. 기장이 이륙 준비가 완료되었다고 방송한다. 이윽고 제트기는 활주로를 향하여 내달을 준비를 하기 시작한다.

어느 순간 당신은 좌석의 등뒤 부분에서 충격을 받아 앞으로 내던져지는 것 같은 느낌이 된다. 큰 몸체를 움직이는 제트 엔진의 시동으로 커다란 충격이 전해진 것이다. 창 밖을 내다보면 굉장한 속도로 아스팔트 위를 질주하는 것을 느낄 수 있다.

일단 공중으로 떠오르면 육지는 밑으로 밑으로 멀어져 간다. 당신도 벌써 공중에 있다. 그러나 오늘은 무척 거센 바람이 불고 있다. 난기류를 받아서 커다란 기체는 좌우로, 위아래로 동요한다. 당신은 창 밖으로 시선을 옮겨 날개를 내다본다.

어쩐지 이상하다!

날개가 흔들리고 있다!

바람 때문에 날개가 기울고 삐걱삐걱 흔들리고 있다. 당신은 스튜어디스를 부르지 않고는 안 되겠다고 생각한다. 날개가 부러져버리기 전에 기장에게 알리지 않으면 안 된다.

그래서 당신은 옆에 앉은 사람에게,

"저 날개가 움직이고 있는 것을 보십시오!"

라고 외친다. 그 외침에 옆에 앉은 사람은 읽던 신문을 내려놓고 빙그레 웃는 얼굴로 이렇게 말한다.

"정말 고마운 일입니다. 만일 날개가 흔들리지 않는다면 큰 일입니다. 제트 비행기의 날개는 유연성(柔軟性)을 갖도록 설계되어 있으니까요. 그래서 장애물에 걸리면 굽습니다. 그렇게 되어 있지 않으면 큰 사고를 예방할 수가 없을 것입니다."

이런 말을 듣고서야 당신은 겨우 안심한다. 좌석에 고쳐 앉아 마음을 놓고 인류의 경이적인 진보에 대하여 생각한다. 그리고 옆 사람의 말을 다시 한 번 생각할 것이다.

"유연성을 갖도록 설계되어 있는 것입니다. 그러니까 스트레스가 걸리면 굽습니다."

설득은 비행하는 것과 같은 것

아무래도 설득하지 않으면 안 될 경우에는 긴장과 스트레스가 생기기 쉽다. 비행기의 경우와 마찬가지로 그 프로세스에 유연성이 내포되어 있지 않으면 부러져 버리기 쉽다.

설득을 위한 다른 방법을 다 잘하고 있다고 해도 이러한 유연성이 결여되어서 열번째의 계율을 지키지 않으면 '쓸모 없게' 되어 버린다.

열번째 계율

상대방이 당신에게 호의를 지속하도록 할 것

그러기 위해서는 유연해야 한다. 흐름을 타는 것이다.

이 방법을 알고 있었기 때문에 목숨을 건진 한 청년이 있다. 청년은 카누를 타고 있었는데 물결에 휘말려 버렸다. 벌써 카누를 멈출 수도, 방향을 바꿀 수도 없었다. 카누는 그대로 작은 폭포에 떨어지고, 그는 폭포 밑에 있는 소용돌이에 말려들고 말았다. 수영에는 자신이 있던 청년은 소용돌이에서 빠져나오려고 했지만, 애를 쓰면 쓸수록 소용돌이 속으로 끌려들어가기만 했다. 그러는 동안 힘이 많이 빠진 청년은 숨을 크게 들이키고 나서 물결에 거슬르는 것을 중지했다. 그 때문에 밑으로 끌려들어가서 커다란 소용돌이 속에 빠지기는 했으나, 드디어는 강가에 가까운 잔잔한 수면으로 떠오를 수 있었다.

친절은 이 세상을 아름답게 한다. 모든 배반을 해결한다. 얽힌 것을 풀어 헤쳐 놓고, 어려운 일을 수월하게 하고, 비참을 즐거움으로 바꾸어 놓는다.

훌륭한 설득자란?

이 청년은 수영에는 자신이 있었기 때문에 처음에는 헤엄을 쳐서 빠져나가려고 생각했었다. 그러나 결국 흐름에 따라서 몸을 내맡기지 않으면 기진맥진해 버린다는 사실을 알고 있었다.

자, 당신은 이제까지 여기에 소개하여 온 계율을 전부 지키면 설득력있는 사람이 될 수 있다. 그러나 이 새로이 몸에 익힌 힘은 주의깊게, 그리고 유연성을 가지고 다루지 않으면 안 된다. '흐름을 따라' 가지 않으면 상대방은 결국 반항적으로 되고 말기 때문이다.

상대방이 도전적으로 되는 까닭

설득되었을 때는 누구나 자기 자신이 '굴복했다'는 생각을 품는 경향이 있다. 그래서 열등감을 느낀다. 체스터필드 경(卿)은 "인간은 자기에게 열등감을 느끼게 하는 사람을 증오한다." 라고 말했다.

그러므로 그렇게 느끼게 하지 않도록 해야 한다. 제트 비행기와 마찬가지로 자기의 인격에 유연성을 가져야 한다. 이 책을 통해 배운 설득력을 활용하여 열등감을 느끼게 하거나 하면 상대방은 당신에게 친밀한 감정을 갖지 않게 된다.

상대방이 당신에게 호의를 지속하게 하기 위해서는 다음의 규칙을 지켜야 한다. 이 룰은 마치 제트 비행기의 날개와 마찬가지로 유연성을 갖게 되며 흐름을 따라 갈 수 있게 된다.

규칙 ①—상대방을 칭찬할 것

만일 당신이 지금 이미 지도자로서, 또 설득의 명인(名人)으로서 성공하고 있다면 분명 당신은 승자이다. 언제나 자기의 의견을 통하여 상대방은 설득에 적극적으로 응해 주었던 것이다. 자, 상대방이 당신에게 열등감을 갖고 당신을 '증오'하게 되기 전에 체스터필드 경의 제창에 따라 상대방을 칭찬하도록 하라. 상대방이 무언가 결정을 하면 그것을 칭찬해 준다. 상대방의 행동이나 선택이나 의견에 대하여 찬양하는 말을 보내라.

예를 들어 당신의 부인이 당신이 좋아하는 요리를 하고 있다 하자. 그 때 이렇게 말해 보라.

"과연 당신이 최고군, 만일 당신에게 이런 요리솜씨가 없었다면 식사 시간이 즐겁지 못했을 거예요."

또 상사가 당신의 급료를 올려 주었다면 이렇게 말하라.

"저는 승급에 감사하고 있는 것만이 아닙니다. 이런 회사를 위해 일하고 있는 것을 감사하고 있습니다. 조직활동을 하면서 개인의 요망이나 감정도 이해하는 회사에 감사하고 있습니다."

또 손님한테서 큰 주문을 받았을 때는 이렇게 말하라.

"우선 주문해 주신 데 감사드립니다. 둘째로 당신이 결심을 하신 일을 축하합니다. 현명한 결정이라고 생각하며 반드시 마음에 드실 것입니다."

규칙 ②—겸허할 것

'겸허하라!'는 말을 다른 말로 바꾸어 보자. 그것은 "다른 사람에게 인상짓게 하려 하지 말라!"는 말이다.

어느 날 밤, 인간성을 풍부하게 하는 모임에 참가했던 한 사람이 뛰어들어오며 이렇게 소리쳤다.

"놀랐어요! 지금까지 배운 룰은 참으로 잘 들더군요. 이번 주에 나는 시속 50km의 속도 제한구역을 70km로 달렸지요. 얼핏 백밀러를 보자, 빨간 점멸등이 보이질 않겠어요. 교통순찰차였어요. 들킨 것을 알고 나는 커브에 차를 세우고 차에서 뛰어내려서 교통순찰차에 다가갔지요. 경관이 티켓에 속도 위반 사실을 기록할 때, 나는 지금까지 여기서 배운 것을 응용해 보았어요. 그러자 5분쯤 지나자 경관은 티켓에 기입하는 것을 그만두지 않겠어요. 성공한 거죠!"

그러나 그날 밤, 그는 그러한 태도로는 성공을 오래 지속할 수 없다는 것을 배웠다. 다른 사람 앞에서 자기의 재능을 뽐내는 것처럼 해서는 안 된다. 오만스런 인간에게 설득되고 싶어하는 사람은 한 사람도 없다.

진실로 성공하는 사람은 다른 사람에게 자기를 인상지으려고 하지 않는다. 록펠러 쥬니어는 갖가지 뜻있는 운동에 공헌하고 자선 사업을 한 사람이지만, 비즈니스에서도 많은 일을 성취하여 성공을 거두었다. 어느 때, 그는 매우 멋진 사무실을 제공받았다. 실내장식이 훌륭해서 누가 보아도 놀랄 만한 사무실이었다. 그러나 그는 어깨를 움츠리며 되물었다.

"하지만 대체 누구에게 인상지으려는 건가?"

다른 사람에게 자기를 인상지으려는 일의 어리석음을 알기 위해서는 어쩌면 모두 그러한 경험을 해 볼 필요가 있을지도 모른다. 다음과 같은 사건이 당신에게 일어났다고 가정하여 보라. 틀림없이 도움이 될 것이다.

세계적인 가수 엔리코 카루소는 매우 까다로운 사람이었다. 다른 가수가 지나치게 과장된 말과 행동으로 인기를 얻으려고 하는 것을 싫어했다. 한때 함께 공연하던 소프라노 가수가 무슨 짓을 해서라도 그의 인기를 빼앗으려 하고 있었다.

그녀가 사용한 테크닉은 고음(高音)을 내기 전에 두 손을 굳게 쥐는 것이었다. 그리고 실제로 그 고음을 내게 될 때는 팔을 크게 벌렸다. 어느 날 밤, 그녀가 두 손을 쥐려고 했을 때, 카루소는 재빨리 날달걀 한 개를 그녀의 한쪽 손안에 떨어뜨렸다. 아리아의 정점에 가까와지자 그녀는 굳게 손을 쥐었다. 그 때문에 손 안에 든 달걀은 폭삭 깨져서 손에 달라붙고 말았다.

그녀는 불안한 듯이 자기의 손에 으깨진 달걀을 내려다보더니 고음을 노래할 때에는 두 손을 뒤로 돌렸다. 그리고 노래가 끝나자 기다렸다는 듯이 퇴장했다.

설득력이 있기 때문에 주목의 대상이 되었을 때에는 그 성공에 우쭐하지 않도록 늘 주의하라. 다른 사람에게 자기를 인상지으려고 해서는 안 된다. 그렇게 하면 앞에 소개한 소프라노 가수처럼 되고 말 것이다.

규칙 ③ — 희롱하거나 야유하거나 빈정거리지 말 것

몇 번을 시험해 보아도 분명하듯이 누구나 야유를 받거나 바보로 다루어지기를 싫어한다.

"뭐야 그렇다면 인생의 즐거움 같은 것은 없어지고 말잖아."
라고 말하는 사람도 있을 것이다.

그러나 그럴 리가 없다. 마음 속으로는 희롱하거나 야유하거나 어떻게 하든 당신의 자유이다. 그러나 겉으로는 가능한 한 침묵을 지키라.

빈정거림이란 그리스 말 '고리를 찢는다'는 의미의 말에서 유래하고 있다. 이것은 그다지 기분 좋은 말도 아니며, 또 기분 좋은 일도 아니지만 많은 사람들이 가지고 있는 특성이기도 하다. 설득을 할 때에 자기 방위적으로 발휘된다. 상대방이 자기의 제안에 반대하거나 하면 빈정거리거나 야유하고 싶어지는 것이다. 그러나 그렇다고 해서 빈정거리거나 신랄한 말로 반박해서는 안 된다. 그 보다는 몸을 맡기는 유연성이 필요하다.

내가 알고 있는 청년 중에 하버드 대학을 졸업하고 나서 직업을 몇 번이고 바꾼 사람이 있다. 이 청년은 꽤 설득력이 있고 자기 표현에도 자신이 있었으며, 게다가 핸섬하고 멋쟁이다. 또 무한한 가능성에 넘친 미래가 약속될 만한 지성과 재능도 갖추고 있다. 그러나 비즈니스의 세계에서는 전혀 인정을 받을 수 없었다. 그가 현재 있는 회사의 중역이 그 까닭을 나한테 이야기해 주었다.

"브레인 씨는 온갖 재능을 갖추고 있습니다. 하지만 우리가 보는 바로는 그의 재능은 발휘되고 있지 못하는 것 같습니다. 너무나 빈정거리기 때문입니다. 게다가 난처한 일은, 그 스스로가 빈정거림을 잘하는 사람으로서 주목을 끌고 있기 때문에 개선하려고 하지를 않는다는 것입니다. 파티 같은 데서는 퍽이나 위트에 넘친 말을 하기 때문에 언제나 인기를 독점합니다. 하지만 그로 말미암아 그 곳에 있는 누군가가 항상 희생이 되었습니다. 그래서 다들 그를 멀리하고 있습니다. 우리로서도 그를 책임있는 지위에 앉힐 수가 없습니다."

당신의 설득하는 말이 밝고 즐거운 것이라면 그것은 좋은 일이다. 그렇지만 사람을 야유하거나 빈정거리거나 해서 공격적으로 되는 것은 피해야 한다.

희롱하거나 야유하거나 빈정거리지 않는 것은 유연한 인간성을 나타내는 가장 좋은 방법이다. 빈정거리는 차가운 말로써 대하지 말고 반대 의견을 받아들일 수 있으면 그것이 흐름을 타고 있는 것이 된다. 그렇게 하면 긴장 상태가 되더라도 상대방은 당신에게 대한 좋은 인상을 잃지 않을 것이며, 당신은 유연성을 유지할 수 있는 것이다.

규칙 ④—끈기있게 이해있는 태도를 지닐 것

설득되어 의견을 바꾼 사람은 의식하고 있지 않아도 반항적으로 되어 있는 법이다. 이 사실을 잊지 말아야 한다. 그러므로 끈기있게 이해를 가지고 접촉하는 것이 중요하다. 행동이나 태도에도 주의가 필요하다. 설득하려고 할 때에는 상대방의 인간적인 성질이 장애가 되기 쉽다. 당신의 태도나름으로 이것은 어려운 문제가 되는 수도 있다.

어느 건축가는 말했다.

"당신이 나아가는 길에 제거할 수 없는 장애물 같은 것이 있다면, 그것을 빨갛게 칠해 보십시오."

즉 장애물을 이점으로써 활용하는 것이다. 치장을 해서 강조하라. 장애물로써 치워버려서는 안 된다.

그러므로 상대방에게 좋은 인상을 주고 싶으면, 먼저 당신이 상대방을 좋게 생각해야 된다. 장애가 될 만한 상대방의 성격을 나쁜 것으로 생각하지 말고 좋은 것으로 생각하라.

● 만일 상대방이 자기의 생각을 고집한다면 '돌대가리'라든지 '고집쟁이'로서가 아니라, '굳은 신념의 소유자'로 생각하라.

● 만일 상대방이 주의깊은 사람이라면 '아둔한 사람'으로

생각하지 말고, '사려깊은 사람'이라고 생각하라.

● 만일 상대방이 벌컥 성을 내면 '신경질적인 사람'으로 생각하지 말고, '감정이 풍부한 사람'으로 생각하라.

● 만일 상대방이 무엇이나 자기의 수중에 거두어 넣고 싶어 하는 사람이라면 '뽐내는 사람'이라고 생각하지 말고, '지도적인 사람'이라고 생각하라.

● 만일 상대방이 인간관계에 잘못을 저질렀다면 '예의를 모르는 사람'이라거나, '냉정하다'고 생각하지 말고, '건실한 개인주의자'라고 생각하라.

● 만일 상대방이 돈 쓰기를 싫어한다면 '구두쇠'로 생각하지 말고, '검약가'로 생각하라.

● 만일 상대방이 자기의 의견을 주책없이 말하는 사람이라면 '뻔뻔스러운 사람'으로 생각하지 말고, '솔직한 사람'이라고 바꾸어 생각하라.

● 만일 상대방이 상사에게 고자질하는 사람이라면 '아첨하는 사람'이라 생각하지 말고, '협력적인 사람'이라 생각하라.

● 만일 상대방이 때때로 자만한다면 '꽤 잘난 체하는 사람'이라고 생각하지 말고, '자신있는 사람'이라고 생각하라.

● 만일 자기를 주장한다면 '자기 중심적'이라든지 '제멋대로'라고 생각하지 말고, '진취적인 기질의 사람'이라 생각하라.

이러한 사실들을 찾아내어 빨갛게 칠해 놓는 것이다. 당신은 다른 사람의 독특한 성격을 그 나름대로의 가치가 있다고 이해하는 동시에 좋은 쪽으로 생각하는 것이 중요하다. 그렇게 하면 부정적인 태도가 겉으로 나타나지 않으므로 상대방의 증오를 살 필요도 없다.

규칙 ⑤—아무래도 비판을 하지 않으면 안 될 때에는 다음과 같이 할 것

사람들과 원만히 지내기 위해 가장 필요한 것은 비판을 하지 말라는 것이다. 그러나 다른 일반적인 룰과 마찬가지로 이것도 언제나 지켜질 수 있다고는 할 수 없다.

사람을 비판하지 않으면 안 될 경우가 있다. 감독하거나 코치하거나 가르치거나 함께 일하고 있을 때, 비판하지 않으면 안 되는 경우가 흔히 있다.

이러한 경우에는 다음의 간단한 룰을 지키라. 그렇게 하면 비판을 하더라도 상대방이 느끼는 당신에게 대한 좋은 인상을 무너뜨리지 않아도 된다.

(1) 먼저 칭찬할 것

비판 받기를 싫어하는 것은 비판을 받으면 열등감이 일어나기 때문이다. 그리고 부처님 가운데 토막 같은 사람이라도 열등감을 느끼게 하는 사람을 싫어하는 것이다. 그러므로 먼저 칭찬하라. 그러면 상대방은 에고이즘을 확대하여 우월감을 갖는다. 칭찬하면 비판이나 비판의 가시를 제거할 수 있다.

(2) 제삼자가 있는 곳에서 비판하지 말 것

제삼자가 있는 곳에서 비판을 하여 체면을 손상케 해서는 안 된다. 다른 사람 앞에서 상대방의 에고이즘을 위축시켜 버리면 상대방은 당신에게 좋은 인상을 품지 않게 될 것이다.

다른 사람들을 비난하려고 생각하기 전에 자기 자신을 충분히 살펴보아야 한다.
—몰리에르—

(3) 건설적인 태도를 취할 것

파괴적으로 되어서는 안 된다. 상대방에게 도움이 되라. 상대방의 외모나 행동 등의 잘못을 지적해서는 안 된다. 어떠해야 한다는 것만을 말하라.

예를 들면, "당신의 화장은 좀 이상해 보이는데요."라고 말해서는 안 된다. "만일 루즈를 좀 짙게 했더라면 더 멋져 보이겠어요."라고 말하라.

"너는 편지 쓰는 법을 모르는군."이라고 말하는 대신에 "미리 너한테 가르쳐 둘 걸 그랬구나. 배계(拜啓)라고 시작하면 경구(敬具)로 끝나는 거야."라고 말하라.

"당신의 구두는 늘 더러워요."라고 말하지 말고 "구두를 깨끗이 하면 당신의 외모는 더 돋보여요."라고 말하는 것이다.

(4) 상대방의 내면에 뛰어들지 말 것

사람을 비판하지 말고 행동을 비판하라. 그렇게 하면, 상대방의 내면적인 감수성에 저촉되지 않고 비판을 외적인 것에 머물게 할 수 있다.

메어리 피커드는 "실망했을 때에나 슬플 때에는 어떻게 해서 명랑함과 냉정을 잘 유지할 수 있는가?"라는 질문을 받고 이렇게 대답했다.

"온 세계의 물을 전부 모아도 이 물이 배의 내부에 스며들지만 않는다면 배를 침몰시킬 수는 없습니다."

상대의 내면에 뛰어들어서 상대방을 침몰시켜서는 안 된다. 그림을 비판하더라도 예술가의 재능을 비판해서는 안 된다.

선수의 플레이는 비판하더라도 운동신경이나 체격을 비판해서는 안 된다.

가수의 노래하는 방법은 비판하더라도 결코 음성을 비판해서는 안 된다.

세일즈맨의 매상 성적은 비판하더라도 세일즈의 능력을 비판해서는 안 된다.

어린이의 성적은 비판하더라도 지능을 비판해서는 안 된다.

그 사람 자신을 비판하면 그 비판은 그 '배의 내부'에 들어가서 상대방을 상처 준다. 행동이나 결과를 비판하도록 하라. 더 바람직한 방법은 어떠해야 하는가를 지적하는 데 그쳐야 한다. 그렇게 하면 비판을 완전히 '배의 외부'에서 멈추게 할 수 있다. 그때에는 배가 가라앉지 않을 것이다.

(5) 상대방의 이익에 호소할 것

상대방에게 왜 당신이 비판하고 있는가를 이야기하라. 그것을 개선하면 얼마나 유리하게 되는가도 설명하라. 그렇게 하면 당신이 단순히 '흠잡고' 있지 않다는 사실을 상대방도 알게 될 것이다.

(6) 웃음을 잊지 말 것

흥분하고 있지 않다는 것을 상대방에게 알리라. 비판할 때에 분노나 감정은 금물이다. 웃음을 잃지 않도록 하여 비판의 가시를 제거하는 것이 중요하다.

(7) 조용하게 말하여 격려할 것

상대방의 결점을 발견했을 때 재미있다는 듯 기뻐해서는 안 된다. 결국에 가서는 비판한다는 것은 상대방이 자기와는 다른 결점을 가지고 있으며 그것이 좋지 않다는 말밖에는 되지 않기 때문이다.

그러므로 비판할 때는 될 수 있는 대로 조용히 하라. 등을 가볍게 두들기는 정도의 행동이 필요하다. 상대방의 자기 향상의 능력을 높이 평가하고 있다는 것을 알려 주라. 그렇게 하면 상대방은 싫은 생각을 하지 않아도 된다. 당신은 설득력있는 인간이 되기 위한 열번째의 계율에 따라서 당신에 대한 좋은 인상을 잃지 않아도 된다.

설득력 있는 인간이 되기 위한 십계

(1) 솜씨있게 설득할 수 있다고 생각할 것
(2) 설득하기 위해서는 질문의 힘을 활용할 것
(3) 다른 사람에게 자기는 중요한 존재라고 생각하게 할 것
(4) 상대방의 입장에 서서 말할 것
(5) 다른 사람을 행동에 개입시킬 것
(6) 큰 것을 얻기 위해 작은 것을 양보할 것
(7) 결코, 결코, 결코 논쟁하지 말 것
(8) 상대방에게 판단을 맡겨 자기의 입장을 공평히 판단하게 할 것
(9) 명확하고 힘있게, 기지를 가지고 부탁하기를 게을리 하지 말 것
(10) 상대방이 당신에게 호의를 지속하도록 할 것

매력있는 인간을 위한 aphorism ⑤

가십을 말하는 사람은
당신에게 다른 사람들에 관해 이야기해주는 사람이다.
귀찮은 사람은 당신에게
그 사람 자신에 관해 이야기하는 사람이다.
멋진 대화자는 당신에게
당신 자신에 관한 이야기를 해주는 사람이다.
—커어크—

제8장

설득력과 커뮤니케이션

모든 사람에게 너의 귀를 주어라.
그러나 너의 목소리는 몇 사람에게만 주어라.
—셰익스피어—

제8장

설득력과 커뮤니케이션

"나의 가장 큰 문제는 알지 못하는 사람, 특히 그다지 잘 알지 못하는 사람이나 갓 알게 된 사람과 제대로 이야기를 할 수 없는 일이다. 그래서 나는 그런 사람들을 만나면 매우 신경질적이 되어 버린다. 입술이 마르고 입을 열기가 어렵다.

나는 자신있게 이야기할 수 있도록 나름대로 노력을 했지만, 막상 실제 상황에 처하면 그런 노력도 전혀 도움이 되지 못했다. 미리 조리있게 사물을 생각하기도 어렵다. 그리고 언제나 상대방과 헤어진 다음에야 '이렇게 이야기했더라면 좋았을 것을'하고 생각한다. 그리고 겨우 말해야 할 것을 생각해 내지만 그때에는 벌써 이야기할 상대방이 없다."

인간성을 풍부하게 하는 세미나를 시작할 때, 나는 수강생들에게 무기명으로 각기 인간관계에서 가지고 있는 가장 큰 문제를 기록하도록 하고 있다.

지금 내가 인용한 글은 많은 사람들이 마음 속이나 감정에 품고 있는 문제를 매우 잘 표현하고 있다. 다른 사람—특히 잘 알지 못하는 사람—과 회화를 하는 경우에 자기의 능력을 신뢰하고 있지 않다. 이러한 사람은 얼마든지 있다.

오늘날의 세상에서는 능란하게 이야기를 하려면 무엇인가 도움이 필요하다. 200년 전에는 연습에 의하여 배울 수 있었다. 이야기 이외에 다른 방법이 없었기 때문이다.

그러나 오늘날에는 텔레비전을 보고 있을 때, 트럼프를 하고 있을 때, 드라이브를 하고 있을 때, 강연을 들을 때, 연극을 구경할 때 등 조용히 앉아 있는 경우가 많게 되었다. 어떤 때는 회화를 하고 싶지 않기 때문에 서로 피하고 있다.

올림픽의 봉고도(棒高跳) 챔피언을 차지한 바 있는 보브 리차드는 목사이지만 인간관계의 커뮤니케이션에 관한 전문가이기도 하다. 그래서 많은 사람들에게 수없이 강연을 하고 있다. 최근에 그에게서 이런 말을 들었다.

"오늘날의 가장 큰 문제는 인간이 커뮤니케이션 방법을 알지 못하는 것입니다. 결혼 실패의 가장 큰 원인은 남편과 아내가 서로 대화가 되지 않기 때문입니다."

그래서 인류의 역사 가운데에서도 지금만큼 대화를 위한 방법을 배울 필요성이 대두된 일은 없다.

피하고 싶은 분쟁의 원인

미네소타 매니팩츄어링 컴퍼니에서 75명의 간부를 위한 연수 세미나를 열었을 때, 나는 각 참석자에게 당부해서 자기가 가지고 있는 초조의 원인을 기록해서 제출케 했다. 다른 사람에 관한 가장 '분노를 느끼게 하는 것'을 써 받았다. 그 결과 초조의 중요한 원인은 다음과 같은 것이다.

- 내 이야기가 끝나기도 전에 다른 사람이 의견을 말하여 내 이야기가 중단되는 것.
- 남의 이야기를 듣지 않고 혼자서만 이야기하고 있는 사람과 회화를 하는 것.
- 다른 사람의 일은 전혀 고려하지 않는 무례한 말참견.
- 그룹에서 토론하고 싶다던 사람이 나의 '지혜로운 말'을 듣지 않을 때.
- 어떠한 이론에도 귀를 기울이지 않는 사람.
- 회화를 하면서도 무시되고 있는 일.
- 회화 도중에 '지게 되는' 일.
- 회화에서 논점을 분명히 하지 않는 사람.
- 사교의 자리에서 회화를 독점하는 사람.
- 회화를 중단하는 사람.

이들 모두가 회화에 관계가 있다는 사실을 깨달았을 것이다. 인간의 초조의 대부분은 커뮤니케이션이 제대로 되지 않는, 회화가 되지 않는다는 데서 발생하고 있다.

당신도 사람들과 커뮤니케이션을 하고 있을 때에 상대방을 초조하게 하는 것과 같은 잘못을 저지르고 있지는 않은가? 아마 당신 자신은 잘 알지 못하고 있는 경우도 있다. 왜냐하면 이것은 구역질나는 입 내음을 광고하는 것과 같기 때문에 '당신의 친구도 말해 주지 않는' 것이다.

내가 좋아하는 화법(話法)은 단순하고 소박하며, 종이에 적을 때도 말할 때도 변하지 않는 화술이며, 깊은 맛이 있고 힘차고 짧고 긴장된 화법이다. ―몽테뉴―

당신도 이것을 하고 있는가?

당신은 회화에서 상대방을 해치는 일은 하지 않을지도 모른다. 그러나 다음에 나열한 15개의 질문을 읽어 보고 스스로를 돌아다 보라.

① 회화를 시작하기가 어렵다고 생각하는가?
② 다른 사람—특히 알지 못하는 사람—과 이야기를 하고 있을 때 어쩐지 기분이 좋지 않은 것을 느끼는가?
③ 상대가 이야기하고 있을 때 다른 일을 생각하는가?
④ 화제가 궁할 때가 가끔 있는가?
⑤ 때때로 '말이 잘 생각이 안 나는' 일이 있는가?
⑥ 알지 못하는 사람에게 소개되는 것이 싫은가?
⑦ 때때로 상대방의 이야기를 중단하고 싶어하는가?
⑧ 상대방이 당신의 이야기를 중단시켰을 때 초조한가?
⑨ 친구나 가족과의 회화에서 화제가 궁해질 때가 있는가?
⑩ 당신이 이야기를 하면 다른 사람이 침착하지 못하는 것처럼 느끼는가?
⑪ 상대가 이야기를 하고 있을 때 반론하는 일이 많은가?
⑫ '세상살이 이야기'를 하기가 어려운가?
⑬ 유머의 센스는? 당신은 웃으면서 회화를 즐기는가?
⑭ 회화를 하고 있을 때, 시간이 빨리 지나갔으면 좋겠다고 생각해서 다이내믹한 이야기를 주거니 받거니 하는 것을 될 수 있는 한 피하려고 하는가?
⑮ 언제나 상대방에게 회화를 '시키거나', '시작하게 하거나' 하여 의지하고 있는가?

이상의 질문 중 다섯 이상에 '예스'라고 대답하면 당신은 회화술을 배울 필요가 있다. 이 장에서는 그 방법을 기술한다. 그것을 연습하여 실행하는 것은 당신 자신의 책임이다.

회화로 인간관계를 개선하는 법

회화 능력을 높이는 것 이상으로 인생에 행복을 가져다 주는 기술이란 달리 없다. 1830년, 시인 롱펠로우는 이것을 깨닫고 말했다.

"현명한 인물과 테이블 너머로 하는 한 번의 회화는 10년 동안 서적으로 공부한 것과 같다."

많은 경우 회화의 뛰어난 기술을 배우는 것이 얼마나 중요한지를 깨닫는 것이 너무 늦다. 내가 시카고에 갔을 때의 일이다. 벌써 몇 년 동안이나 만나지 못하고 있는 친구의 사무실에 전화를 걸어 함께 점심을 하기로 했다. 식사를 하면서 여러 가지 이야기를 하며 나는 그의 부인 베티와 어떻게 지내느냐고 물었다. 그러자 친구 스티브는 잠시 자기 앞에 있는 그릇을 바라보고 있더니 시선을 창 밖으로 옮기면서 말했다.

"이제부터 하려는 나의 이야기를 아무도 알고 있는 사람이 없는데……, 실은 베티와 헤어졌네. 아직 사무실에 있는 친구들한테도 이야기는 하지 않았어. 지금 나는 혼자서 조그마한 아파트에서 살고 있지. 베티는 지금도 나한테 전화를 걸어오고 있으나 나는 자리에 없는 것으로 하고 있어."

"그거 유감스러운 일이군. 누군가와 조금이라도 상의하고 싶지 않은가?"

"이야기하고 싶기는 하지. 자네도 알다시피 베티와 나는 어린 나이에 결혼했지. 그녀는 내가 바라던 여성임에 틀림없어.

그런데 우리 부부는 언제부터인가 화제도 궁해졌고 사소한 일로 서로 비난하기 시작했던 거야. 그런 생활이 계속되었기 때문에 우리는 가정 상담소에 갔었지. 담당자는 재판을 해서 별거해 보면 어떻겠느냐고 권하더군."

이런 일이 많은 사람들에게 일어나고 있다면 유감스러운 일이 아닌가? 이러한 사람들은 아직 몇 년이라도 더 함께 풍족한 생활을 보낼 수 있다. 함께 지낸 세월을 회상하며 즐겁게 지낼 수 있을 것이다. 이 사람들은 그저 서로 대화가 되지 않을 따름이다. 아주 조금만 더 노력을 해서 서로의 사이를 개선하기만 하면 된다.

"대부분의 인간은 태어날 때부터 권태로운 존재이다. 서로 어떻게 하면 상대방에게서 재미있는 회화를 끌어낼 수 있는지 알지 못하기 때문이다."

영국 작가 헉슬러의 말이다.

이 말은 수많은 스티브나 베티를 지적하고 있는 것이다.

스티브도 베티도 바라고 있는 것은 다른 사람들과 다름없다. 이야기를 하고, 웃고, 농담을 하고, 생각을 서로 나누고 싶은 것이다. 인생의 대부분은 이러한 일로부터 이루어지고 있다. 회화를 잘 이끌어가는 능력이 없어지면 인생의 커다란 부분을 잃은 것과 다름없다.

당신은 '스티브'나 '베티'로는 되고 싶지 않을 것이다. 인간관계를 언제나 신선하게 즐거운 것으로 만들고 싶을 것이다. 능란한 화법을 배우기만 하면, 그것들은 보수로써 받을 수 있다. 회화에 대한 이 장은 어찌 보면 이 책에서 가장 중요한 것인지도 모른다. 싱싱하고 재미있는 이야기를 하는 사람이 되기 위한 기본적인 사항을 배울 수 있기 때문이다.

그러나 기본적인 조항에 들어가기 전에 알아둘 일이 있다. 별로 알려져 있지 않은 일이지만, 능숙한 화법을 마스터하기 위한 공식이 바로 그것이다. 사람에 따라서는 타고나면서부터 가지고 있는 경우도 있으며, 자신도 모르게 이용하고 있는 사람도 있다. 하지만 보통은 의식적으로 이것을 개발하여 회화의 기초를 쌓아가지 않으면 안 된다.

이야기 잘하는 사람의 비결

다음은 능숙한 화법의 열쇠가 되는 원칙이다. 이야기 잘하는 사람은 그 비결을 알고 있지만, 이야기하는 것이 서툰 사람은 간과해 버리고 있다. 재미있게 이야기할 수 있는 사람은 이 열쇠를 빠짐없이 발견해 어떤 회화에서도 즉시 사용하고 있다.

자, 그 비결은 이렇다. 당신의 마음 속에 단단히 새겨 두고 다른 사람과 접촉할 때에 아무 때라도 활용할 수 있게 하라.

이야기를 잘하는 사람은 상대에게 즐거움과 이익을 준다.

이것은 참으로 중요한 일이다.

잠시 이 일을 생각해 보라. 오해해서는 곤란하지만 이야기를 잘하는 사람이 되려면 예술인처럼 되어야 한다고 말하고 있는 게 아니다. 단순히 상대방에게 즐거움과 이익을 준다는 말이다. 그리고 그것을 실행하려면 여러 가지 방법이 있을 것이다.

또 당신이 회화를 독점하지 않으면 안 된다고 말하고 있는 것도 아니다. 그저 다른 사람에게 즐거움과 이익을 주어야 한다는 뜻이다.

말하는 것의 두 배는 남에게서 들어야 한다. -데모스테네스-

가장 무시되고 있는 룰

커뮤니케이션의 가장 큰 잘못은 이 룰을 무시하는 점이다. 강연자는 자기가 청중의 이익을 위해 이야기를 하고 있다는 사실을 잊고 자기가 관심을 가지고 있는 말만을 한없이 지껄여대고 있다. 또 자기를 현명하다고 생각하고 있는 사람은 자기의 유머로 강한 인상을 주고 싶은 생각에서 지껄인다. 이러한 사람은 자기들이 사용하고 있는 방법으로써는 상대방에게 즐거움을 줄 수가 없다는 사실을 깨닫지 못한다.

이렇듯 많은 사람들은 단순히 다른 사람들에게 강한 인상을 주려고 말 잘하는 사람이 되기를 바라고 있다. 하지만 이것은 룰을 거꾸로 이해하고 있는 것과도 같다. 즉 원래는 이렇다. 말 잘하는 사람이 되려면 다른 사람이 당신에게 강한 인상을 받도록 해 주지 않으면 안 된다. 그렇게 하면 상대방은 즐겁게 느끼는 것이다.

당신의 즐거움은 어떻게 되는가?

당신의 즐거움과 이익은 말 잘하는 사람이라는 사실에 그 바탕을 두고 있다.

"오늘 밤은 참 즐거운 밤이었어. 이렇게 즐거웠던 일은 지금까지 전혀 없었어요."

사람들이 이런 말을 했을 때 당신은 즐거움과 이익을 느끼기 마련이다. 혹은 당신과 함께 있기가 즐겁다는 말을 들을지도 모른다. 당신 자신의 즐거움은 이와 같이 많은 사람을 사귀게 되고, 그 사람들과 즐거운 시간을 보낼 수 있는 데 있다.

또 '당신의 이익은' 하고 말한다면, 경력의 향상, 주어진 찬스의 확대, 또 사람들과 함께 하는 일의 진전이라는 형태로 받게 될 것이다.

그러나 그렇게 되기 위해서는 이야기를 할 때 상대방에게 즐거움과 이익을 주려고 마음을 집중하지 않으면 안 된다. 당신의 목표는 주목을 받거나 강한 인상을 주거나 뽐내거나 하는 것은 아닐 것이다. 예능인처럼 행동하거나, 자기의 뛰어난 점을 과시하거나 하는 것이어서는 안 된다. 되풀이해 두자면 다른 사람에게 즐거움과 이익을 주는 데에 목표를 두라. 이것이 설득과 커뮤니케이션의 명수(전문가)가 되는 비결이다.

사람들에게서 호감을 받으려면

하버드 대학의 찰스 코플런드 교수는 어느 날 한 학생에게서 이런 질문을 받았다.

"어째서 우리 대학에는 회화에 관한 학습 프로그램이 하나도 없습니까?"

그 질문에 코플런드 교수는 대답했다.

"내 말에 귀를 기울일 수 있다면 그것을 가르쳐 주지."

그런 후 오랫동안 거북한 침묵이 계속 되었다. 드디어 학생이 침묵을 깼다.

"선생님, 저는 지금 귀를 기울이고 있습니다."

그때 코플런드 교수는 빙그레 웃으며 이렇게 말했다.

"벌써 자네는 배우기 시작하고 있는 거야."

사랑은 사랑을 베푸는 자에게, 정신적이며 내면적인 기쁨을 줄 뿐만 아니라, 우리의 사회 생활을 무상의 기쁨으로 만들기 위한 중요한 조건이다.

우선 처음에

말 잘하는 사람이 되는 첫째 단계는 우선 맨 먼저 잘 듣는 사람이 되는 것이다.

5년 동안, 미네아폴리스에 있는 공립학교의 성인 교육부(成人敎育部)에서는 학기마다 화법 강좌를 개설했는데, 제1코스는 듣기, 제2코스는 말하기였다. 그런데 말하기 코스에는 언제나 만원이었으나, 듣기 코스는 5년 동안 단 한 번도 열린 일이 없었다. 왜냐하면 5년 동안을 통하여 듣기 코스를 희망한 학생은 두 사람밖에 없었기 때문이었다. 다들 말하기만 배우기를 원하고 듣기를 배우려는 사람은 거의 없었던 것이다.

여기에는 두 가지 이유를 들 수 있다. 첫째로 인간은 선천적으로 이야기하기를 좋아한다는 것, 둘째로 인간은 이야기함으로써 다른 사람에게 인상지을 수 있다고 믿고 있기 때문이다. 그러나 실제로는 상대방에게 인상지으려면 말 잘하는 사람이 되기 보다 반대로 잘 듣는 사람이 되는 쪽이 효과적이다.

능숙한 화법의 목적은 상대방에게 즐거움과 이익을 주는 것이었다. 그러기 위해서는 듣는 쪽이 이야기하기 보다도 더욱더 효과적인 것이다.

몇 천년 전부터 중국의 철학자들에 의하여 남의 이야기를 듣는 것은 단순히 즐거움을 주는 것만이 아니라, 확실히 이익을 준다고 증언되었다.

프로이트는 인간의 감정이나 혼란한 경험에 배출구를 주기 위해 말하는 것의 중요성을 발견했다. 말하게 하는 데에 참다운 치료법이 있다는 말이다. 환자에게 말을 시킨다는 프로이트의 심리분석은 심리학의 새로운 시대를 열었다.

그러나 프로이트가 말한 것은 오랜 세월에 걸쳐 교회가 해왔던 일을 과학적으로 체계를 세웠을 따름이라고도 할 수 있다. 인간은 '참회'를 하면 반드시 마음이 편해진다. '자기의 가슴 속에 있던 것을 토해 낼' 찬스가 주어지면 언제나 신선한 기분이 된다. 그러므로 범죄자가 경찰에 자수하는 것도 놀랄 만한 게 못 된다.

"전부 자백하고 싶습니다. 죄를 지고 이 이상 산다는 것은 제 양심이 허락치 않습니다."

라고 말하는 경우도 일어나기 마련이다. 이 사람은 단순히 자기가 가지고 있는 문제를 누군가에게 얘기하고 싶어서 하는 말에 불과하다.

인간은 이해되기를 바란다. 마음 속에 품고 있는 것에 대하여 이야기하고 싶은 것이다.

인간에게 있어서는 침묵은 초(醋)이며, 생각은 중조(重曹)와 같다. 두 가지를 뒤섞으면 거품이 일기 시작한다. 그리고 침묵과 생각은 이야기의 형식으로 폭발하는 것이다. 그러나 들어주는 사람이 없으면 아무것도 되지 않는다. 그래서 상대방에게 즐거움과 이익을 줄 수 있는 하나의 방법으로써 듣는다는 행위가 있다. 즉 처칠이 "침묵을 지킬 수 있는 좋은 찬스"라고 부른 것처럼 시간을 활용하는 방법이다.

셰익스피어의 "모든 사람에게 너의 귀를 주어라. 그러나 너의 목소리는 몇 사람에게만 주어라."라고 한 충고는 사람들과 원만히 지내기 위한 절대적인 전제 조건이라고 할 수 있겠다.

그뿐만이 아니다. 당신의 일이 다른 사람들과 함께 진척시켜 가는 것이면 당신의 성공은 당신이 듣기 잘하는 사람이 되느냐 어떠냐에 달려 있다. 최근의 조사에 의하면 보통 중역들은 다음과 같은 비율로 시간을 이용하고 있다는 사실을 알았다.

① 쓰는 데 사용하는 시간 9%

② 읽는 데 사용하는 시간 16%

③ 이야기하는 데 사용하는 시간 30%

④ 듣는 데 사용하는 시간 45%

잘 듣는 방법은 당장이라도 배울 수 있는 기술이다. 이 책에서 지금까지 열거해 온 제안의 대부분은 연습이나 훈련을 요하는 것으로, 특정한 상황에서밖에 사용할 수 없는 것이다. 그러나 잘 듣는 방법은 오늘이라도 실행할 수 있고, 언제라도 쓸 수 있다. 누구에게라도, 어디서라도 쓸 수 있다.

당신도 오늘부터 이것을 시작하라. 이 장에서는 다음에 대하여 설명한다.

(1) 듣는 방법의 네 가지 문제

(2) 잘 듣는 사람이 되기 위한 네 가지 방법

(3) 피하지 않으면 안 될 열네 가지 좋지 못한 듣는 방법

듣는 방법의 네 가지 문제

① 듣는 속도는 말하는 속도의 4배에서 5배이다. 영어로는 1분 동안 90단어에서 120단어를 말할 수 있는데, 듣는 쪽은 1분간에 450단어에서 600단어 정도이다. 이것은 상대방의 이야기를 들으면서 앞질러 생각하고, 상대방의 견해를 탐색하며, 머릿속에서 토론할 수 있다는 것을 의미하고 있다. 그러므로 상대방이 하는 말을 진정으로 집중해서 듣고 있지 않다는 말이 된다.

잠시 다음을 시험해 보라. 당신이 집에서 신문을 읽고 있을

때, 남편이나 부인이 혹은 친구가 곁에 있으면 "이봐요. 들어보아요."라고 말하면서 그 신문 기사를 두세 절 읽어 본다.

다 읽으면 지금 읽은 것을 복창해 보라고 부탁한다. 상대방이 사실의 5%를 바르게 되풀이하면 그것이 대체로 평균이다.

② 당신은 듣기는 별로 좋아하지는 않는다. 아마 이야기하는 쪽을 좋아할 것이 틀림없다. 또는 상대방의 하는 말이 별로 당신의 흥미를 끌지 못할지도 모른다. 듣는다는 것은 당신에게 있어서는 수동적인 상태에 놓이는 것이다. 무언가 달리 할 일이 생기거나, 말할 찬스가 올 때까지 참는 상태이다.

그러나 듣는 일만이 실은 대단히 중요한 일이다. 이를 명심하라. 상대가 하는 이야기를 듣고 있을 때가 상대방에게 가장 좋은 인상을 주는 때이다. 아주 말을 썩 잘 듣는 사람이 되었을 때야말로 훌륭한 이야기를 할 수 있는 사람이 될 수 있다.

듣는 일은 꽤 노력을 요하는데, 먼저 '잘 듣는 사람이 되고 싶다'라고 생각하는 것이 중요하다.

③ 듣는 방법의 세번째 문제는 상대방이 하려는 말이나, 하는 말을 자기는 잘 알고 있다고 생각하는 데서 생긴다.

어느 날 밤, 35명의 성인 클래스의 수업이 끝났을 때, 나는 수강생들에게 이렇게 말했다.

"다음 주, 같은 시간에 302호실에서 만납시다. 오늘은 이것으로 끝납니다."

그 날의 수업은 404호실에서 하고 있었다.

수업이 끝난 뒤, 세 사람의 수강생이 찾아와서,

"참으로 다음 주 강의를 302호실에서 합니까? 아니면 잘못 말씀하셨습니까?"

라고 물었다. 그래서 나는 참으로 302호실에서 하겠다고 대답했다. 다음 주에는 두 교실에서 열렸다. 그런데 302호실로 온 사람은 단지 네 사람뿐이었다. 나머지 31명은 404호실에 모여 있었다. 그리고 404호실에 모인 전원이 지난 주에 수업이 끝날 때 내가 404호실이라고 말했다고 우겼다.

그들은 잘못 들은 것이다. 내가 "다음 주, 같은 시간에 만납시다."라고 말했을 때 틀림없이 '같은 장소'라고 말한 것으로 멋대로 추측하고, 내 말을 머릿속에서 내쫓았던 것이다.

듣고 있을 때에는 상대방이 말하려는 것을 너무 쉽게 예상하는 경향이 있다. 너무 앞선다. 그래서 상대방이 말하고 있는 것을 흘려 듣는다.

④ 네번째 문제는 '선입관을 가지고 듣는 것'이다. 이런 경우에는 흔히들 이야기하고 있는 상대방과 정신적인 논쟁을 일으키기 쉽다. 어떤 점에서 당신은 상대방이 하는 말에 반대라고 하자. 또는 상대방이 당신이 생각하고 있는 것과 다른 것을 말했다고 하자.

그러면 당신은 생각이나 중요한 점을 흘려 듣고 만다. 상대방이 중요한 점을 이야기하고 있는데, 당신은 사소한 이것저것을 탐색하고 있기 때문이다.

잘 듣는 사람이 되려면 먼저 마음을 열어놓아야 한다. 설령 상대방의 말이 자기의 견해와 틀린 점이 있더라도 끝까지 들어보고 이야기의 핵심을 파악하는 것이 중요하다.

상대방이 말하고 있는 것에서 잠시라도 당신의 주의를 빗나가게 하지 말아야 한다. 논쟁의 와중(渦中)에 빠지지 않도록 항상 주의하라.

"예"라고 대답할 때는 재빨리 하라. 그러나 "아니오"라고 말할 때는 항상 30분의 시간을 가져라. 그러면 상대방의 입장을 이해할 수 있을 것이다. —스펠맨—

잘 듣는 사람이 되기 위한 다섯 가지 방법

잘 듣는 사람이 되기 위해 연습할 다섯 가지 방법이 있다.

① 듣는 데 알맞는 자세를 취할 것

지난 주에 나는 알지 못하는 사람만 가득히 있는 방에 있었다. 사람들은 대부분이 앉아 있었다. 이 방에 있던 것은 겨우 2,3분 동안이었지만, 그 짧은 시간에 나는 그 장소에 있는 한 사람 한 사람에 대하여 따뜻한 감정을 품기도 하고, 냉정한 감정을 갖기도 했다.

당신에게도 이런 일이 있을 것이다. 상대방이 서 있거나 앉아 있는 그 태도에 따라 상대방에 대한 감정이 즉시 정해져 버리게 된다. 나의 경우는 무의식 중에 그 방에 있던 사람들을 잘 듣는 사람과 잘 듣지 못하는 사람과 나누어 놓고 있었던 것이다. 그 자세 가운데 정다움을 나타내고, 응하는 태도를 보인 사람들에 대해서는 곧 다정하게 느껴졌다. 그러나 앉아 있는 사람 중에 두세 사람은 의자에 기대어 팔걸이에 팔을 걸치고 반쯤 뜬 듯한 비판적인 눈으로 나를 보고 있었다. 그런 부류의 사람들과 나와의 사이에는 두터운 벽이 가로놓여 있는 듯했다.

어떤 회사의 전무가 나한테 이야기해 준 일이지만 물리적인 벽을 만듦으로써 세일즈맨을 무기력하게 할 수 있다고 한다.

"나는 의자에 깊숙히 앉아 팔장을 끼고, 게다가 발을 괴고, 입술을 굳게 다물어 될 수 있는 대로 날카롭게 상대방의 눈을 보는 것입니다. 그러면 언제나 그들은 어찌할 바를 모르며 명함을 나에게 건네고서는 '무언가 사고 싶을 때는 연락해 주십시오' 라고 말합니다."

누군가를 따돌리고 싶을 때는 그렇게 하는 것만으로도 된다. 그러나 이것은 듣는 데에 알맞는 자세가 아니라, 그와는 반대되는 자세이다.

● 몸을 앞으로 숙일 것—이것은 흥미를 나타내고 있다. 이야기하고 있는 상대방과 함께 행동하고 있는 것이 된다. 무관심 대신에 기민함을 보여 주고 있다.

● 물리적인 벽을 만들지 말 것—입에 손을 대거나 팔장을 끼거나 하면 듣는 데에 대한 물리적 장애가 된다. 의자에 앉아 있을 때에는 발을 괴고 앉는 것조차도 장벽의 한 가지가 된다.

● 눈으로 들을 것—이야기를 할 때는 상대방을 보고 말해야 한다. 단, 옆눈으로 보거나 얼굴을 찡그려서는 안 된다. 눈으로 흥미와 즐거움을 나타내는 것이 그 무엇보다 중요하다. 거울을 보면서 연습하라. 자기가 이야기하고 있을 때에는 상대방이 이런 얼굴을 해 주었으면 좋겠다고 생각하는 얼굴 표정을 해 보이는 것이다.

② 진지한 흥미를 가질 것

누군가와 대화를 할 때 상대방에게는 내가 꼭 배워야 할 점이 있다고 생각하는 마음가짐이 중요하다. 그런 마음가짐으로 상대와 대화한다면 상대방의 말을 소홀히 듣지 않게 되고, 또 내가 미처 알지 못했던 소중한 지혜를 얻게 되는 경우가 많다. 비록 관심 밖의 이야기라 하더라도 진지한 흥미를 갖고 귀를 기울이는 것이 여러 모로 유익하다.

에디슨이 유명한 자연주의자인 루터 버뱅크를 방문했을 때의 일이다. 버뱅크는 손님의 이름, 주소, 취미 등을 기록하는 방명록을 가지고 있었다. 에디슨은 이 명부에 자기의 이름과 주소를 기입하고 나서 '취미'란에는 '모든 것'이라고 기입했다. 그리고 거기에 물음표(?)를 붙였다고 한다.

이와 같이 많은 일에 관심을 갖지 않으면 결코 잘 듣는 사람이 될 수 없다. 특히 인간에 대하여 관심을 가져야 한다. 사람들의 경험, 마음가짐, 견해, 그리고 하루하루의 생활에 일어나는 사소한 일 등에 깊은 관심을 가지라. 인생은 하루하루의 모험이요, 깜짝 놀랄 만한 것이라고 생각해 보라.

인간은 실로 재미있는 것이다. 행동 방법, 반응, 화법 등 어느 것이나 홍미있다. 그것을 맘껏 받아들이는 사람이 잘 듣는 사람인 것이다.

③ 열심히 듣고 있다는 사실을 상대방이 알게 할 것

이야기하고 있는 사람에 대한 가장 큰 찬사는 한 마디도 빠뜨리지 않고 듣고 있다는 것을 알리는 일이다. 그것을 전해야 한다. 방법은 얼마든지 있으나 여기에는 몇 가지만 기술한다.

● 표정을 사용할 것—눈을 치켜 뜨거나 웃거나, 놀라서 입을 벌리거나 윙크를 하거나 하여 감정을 전하라. 만일 당신이 '무표정'의 소유자라면 거울 앞에서 표정을 연습할 일이다. 발랄한 홍미를 나타내는 '새로운 표정'을 연습하라.

● 음성을 사용할 것—간단히 하는 데만 한하는데 되도록 짧은 말로 한다. "재미있군요.", "그렇군요.", "나도 그렇게 생각합니다.", "과연", "응", "재미있었지요." 등.

자, 여기서 당신은 무언가 발견하게 될 것이다. 화제가 하찮은 것이더라도 홍미를 가지고 있는 것처럼 행동하면 홍미가 솟아오른다. 이 책의 첫 부분에서 어떤 행동을 취하면 어떤 감정이 솟아난다는 사실을 강조한 대목을 기억하고 있을 것이다.

감정은 행동에 의하여 일어나고 있다.

셰익스피어도 《햄릿》에서 "만일 미덕을 가지고 있지 않다면 가지고 있는 것처럼 하라."는 의미의 말을 하고 있다.

홍미를 가지고 있는 것처럼 행동하라. 그렇게 하면 홍미가 솟아오른다.

④ 자기가 알고 있는 점을 확인해 갈 것

다른 사람의 이야기를 듣고 있으면, 도중에서 이해할 수 없게 되는 일이 있을 것이다. 이야기하고 있는 사람이 이해할 수 없는 말을 했다 하자. 무슨 말인가 하고 생각하고 있는 동안에 상대방은 아랑곳 없이 이야기를 진행해 가서 당신은 뒤에 처지게 된다. 그래서 누군가에게,

"너는 그 점에 대해서 어떻게 생각하지?"

라는 물음을 받으면 난처하게 되어 버린다. 이러한 사태를 피하기 위해 자기가 알고 있는 점을 늘 확인해 가는 것이 필요하다. 무언지 알 수 없는 점이 있으면, 물으면 된다. 더 설명해 달라거나 되풀이해 달라거나 의문점에 대하여 대답해 달라고 하는 것은 조금도 나쁘지 않다.

오히려 이야기하고 있는 사람에게 있어서는 기쁜 일이다. 게다가 당신의 이해도 깊게 되고 당신이 상대방에게 관심을 가지고 있다는 사실을 상대방에게 알리는 것이 된다.

⑤ 복습할 것

복습하기 위해서 상대방이 사용한 말을 다시 되풀이해 본다. "지금 당신은 이렇게 말했지요?"라고 상대방이 말한 한두 점을 되풀이해 본다.

다음에 다시 생각해 낼 수 있도록 중요한 점을 머릿속에 새겨 두는 것이 중요하다. 그렇게 하면 더욱 회화에 집중할 수 있으며, 한층 속속들이 이야기할 수 있다. 그 때문에 연료도 보급할 수 있게 되고 다시 당신이 잘 경청하고 있다는 것을 보일 수 있게 된다. 당신이 자신을 잘 듣는 사람으로 보일 수 있다.

피하지 않으면 안 될 열네 가지 좋지 못한 듣는 방법

듣는 데에 방해가 되는 제스처나 습관이 많이 있다. 피하고 싶은 장애물의 리스트를 여기에 들어 보자.

① 손이나 혹은 다른 물건을 움직이거나 만지거나 하여 안절부절하게 하지 말 것.
② 이야기하고 있는 사람은 보지 않고 엉뚱한 창 밖만을 보거나 하지 말 것.
③ 상대방을 의심하는 듯한 질문을 하지 말 것.
④ 참을성이 없는 듯한 행동을 하지 말 것.
⑤ 들으면서 무언가 다른 일을 하지 말 것.
⑥ 시계를 자주 보지 말 것.
⑦ 만일 담배를 피우는 경우에도 상대방의 얼굴에다 연기를 내뿜지 말 것.
⑧ 이야기하고 있는 사람에게 너무 가까이 하지 말 것.
⑨ 낙서를 하지 말 것.
⑩ 야릇한 코멘트를 하거나 상대방보다 뛰어난 것을 말하려고 하지 말 것.
⑪ 손톱을 깎거나 안경을 닦는 등의 딴짓을 하지 말 것.
⑫ 상대방을 대신해서 이야기의 결론을 내리지 말 것.

⑬ 자기가 이야기하고 싶기 때문에 상대방이 빨리 이야기를 끝냈으면 좋겠다는 듯한 몸짓을 하지 말 것.
⑭ 밖에서 들려오는 소음, 라디오, 텔레비전, 방에 있는 다른 사람들의 이야기 소리나 움직임 따위에 의하여 자기의 주의를 분산하지 않도록 할 것.

상대에게 즐거움과 이익을 주는 것은 상대의 이야기를 잘 듣는 데서부터 시작된다. 잘 듣지 못하는 이유는 다음과 같다.

(1) 이야기 속도에 비하여 듣는 속도는 4•5배 빠르다. 그 때문에 '상대방을 생각으로부터 내쫓는' 시간의 여유가 생긴다
(2) 듣기를 좋아하지 않고 오히려 이야기하고 싶어한다
(3) 상대방이 말하려는 것을 자기는 안다고 생각하는 경향이 있다
(4) 선입관을 가지고 듣는 경향이 있다

이상과 같은 '듣는 방법의 문제'를 극복하고, 잘 듣는 사람이 되기 위한 방법은 다음 다섯 가지가 있다.
① 듣는 데 알맞는 자세를 취하라.
② 흥미를 가지라.
③ 자기가 알고 있는 것을 확인하라.
④ 열심히 듣고 있다는 사실을 상대방에게 알리라.
⑤ 복습하라.

화법을 개선하는 세 가지 원칙

먼저 생각하라.
그 다음에 말하라. 그리고
사람들이 싫증내기 전에 그치라.
인간은 말을 함으로써 동물보다 훌륭한 것이다.
그러나 만약 그 말에 이익되는 점이 없다면,
동물보다 못한 것이다.

—페르시아 성전—

제9장

화법을 개선하는 세 가지 원칙

모 그룹의 인사부장 존이 자신의 회사 입사시험에 응모하여 온 한 청년의 이야기를 해준 적이 있다.

"면접을 받으러 온 청년은 활짝 웃으면서 나에게 인사를 하고 지정된 자리에 기민한 자세로 앉았습니다. 나는 그러한 태도에 호감을 갖었습니다. 그는 핸섬하고 옷차림도 단정했습니다. 그리고 25분 동안 그와 면접했습니다.

그러나 그가 일에 적응할 수 있느냐 어떠냐는 알 수 없었습니다. 그가 일을 좋아하게 될지 어떨지도 몰랐으며, 자기 스스로 응모했는지 또 우리 회사의 사원교육 프로그램을 어떻게 생각하고 있는지도 알지 못했습니다. 그것은 그의 말소리가 너무 작았기 때문입니다. 그는 말을 입 속에서만 우물거리는 버릇이 있었습니다. 내가 크게 말을 하라고 몇 번이나 부탁했지만 그 순간뿐이었습니다.

그가 돌아가고 나서 다시 그의 평가를 검토했습니다. 그의 화법이 그렇지만 않다면 아마 그를 채용했을 겁니다."

당신도 이렇게 하고 있지는 않을까?

당신도 예로 든 청년과 같기 때문에 좋은 기회를 놓치고 있지는 않는가? 좀더 말 잘하는 사람이 될 필요는 없는가?

모르기는 해도, 아마 당신도 몇 년 동안 화법 훈련을 받아 온 사람이 아닌 한, 잘못 이해되거나 입 속에서만 우물우물 말하거나 불명료한 발음을 하고 있을 것이다. 이야기를 잘하는 사람이 되고 싶다면 분명하고 힘찬, 그리고 발랄하고 알기 쉽게 말하는 방법을 배우지 않으면 안 된다. 이 장에서는 그 목표를 향하여 가장 가까운 거리로 이를 수 있는 방법을 서술한다.

이집트에 있는 파라오의 묘에서 한 권의 책이 발견되었다. 그 책은 약 삼천년 전의 것이었는데, 책 속에는 다음과 같은 충고가 쓰여 있었다.

"남보다 한 걸음 앞서기 위해 말 잘하는 명인(名人)이 되라. 언어는 사람의 무기요, 말은 싸움보다 강하기 때문이다."

오늘날에는 커뮤니케이션의 80%이상이 말하는 것에 의하여 행해지고 있다. 상대방에게 주는 인상은 적어도 75%는 화법에 따른다. 좋은 인상을 주고 있다는 확신을 갖기 위해서도 약간의 시간을 투자할 가치가 있다. 지금은 아무리 어렵게 생각되더라도 화법을 개선하고 싶다는 마음만 있다면 그러한 것은 반드시 가능한 일이다.

세상 사람들은 고대 그리스의 웅변가 데모스테네스를 잊지 못할 것이다. 당신도 그의 강한 의지와 노력으로부터 많은 것을 배울 수 있을 것이다. 알렉산더 타일러는 데모스테네스에 대하여 다음과 같이 말하고 있다.

"그의 음성은 거칠고 품위가 없으며 발음도 불명료했다. 동작이 딱딱하고 굼떴다. 그러나 그는 자기의 결점을 깨닫고 웅변가가 되기 위한 연습을 하루도 게을리 하지 않았다. 그리고 드디어 극복했다. 그리고 자기의 힘에 자신을 얻고, 드디어는 당시 가장 이름 높은 웅변가로서 세상에 모습을 나타냈다."

데모스테네스가 하던 연습의 하나는 턱과 입을 잘 움직이기 위해 입에 잔 돌을 가득히 넣고 말을 하는 것이었다. 물론 당신은 그런 짓을 할 필요는 없다.

그러나 이 장에서 소개하는 세 가지 방법만은 꼭 시험해 볼 것을 권한다.

(1) 분명히 말할 것

분명하게 발음하지 못하는 사람이 의외로 많다. 입 속에서 우물우물 말하거나 말 끝을 얼버무리거나 말 마디를 잇달아 발음하는 것이 대표적인 예다. 그러면 듣는 쪽에서는 알아 듣기 힘들게 되고 만다.

분명하게 말하기 위해서는 틈틈이 입술과 턱을 움직이는 연습이 절대 필요하다. 혼자 있을 때라도 마치 상대방과 이야기하는 것처럼 무엇인가를 또박또박 말해 보라. 또 자음과 모음을 되도록이면 큰 소리로 발음해 보는 것도 한 방법이다.

단순한 말은 좋은 말이며, 모든 사람에게 이해된다. 그것은 가장 깊은 사상을 지니고 있다. —동양 성언—

음조의 변화나 억양을 붙일 것

자기가 하는 말을 유심히 들어보면 억양이 없어 단조롭다는 것을 느낄 수 있다. 가장 좋은 방법은 자기의 회화를 녹음해 보는 것이다. 만일 그것이 여의치 않을 때는 가수나 아나운서가 사용하고 있는 방법을 시험해 보는 것도 좋다. 먼저 한쪽 귀를 앞쪽으로 꺾어서 머리에 꽉 누른다. 그리고 이 장을 처음부터 다시 한 번 소리를 내어 읽어 보라. 그러면 다른 사람의 귀에 미치는 당신의 음성에 아주 비슷한 음성이 들릴 것이다.

대부분의 사람이 맨 처음 깨닫는 것은 자기의 음성의 단조로움이다. 억양이 없고 말의 변화가 없다.

강조(强調)는 가장 중요하다. 어디를 강조하느냐에 따라 말이 갖는 의미가 완전히 바뀌어버린다. 예를 들면,

"나는 그가 돈을 훔쳤다고는 말하지 않았습니다."

라는 말은 어떤 말을 강조하느냐에 따라 여러 가지 다른 의미를 가져 온다.

강조와 억양을 연습하기 위해 이제부터 14일 동안 날마다 10분씩의 연습을 해야 한다. 목청을 돋구어 책이나 신문을 읽어 보라. 강연가나 말하는 것을 직업으로 하는 사람들은 이것을 매일의 일과로 하고 있다. 그들은 이러한 방법으로 음성을 좋게 하고, 야무진 목소리를 만들고 있는 것이다.

강약(强弱)과 억양을 붙이라. 귀 뒤에 손을 대고 귀를 눌러서 자기의 음성이 좋아졌는지 어떤지를 확인해 보라. 14일 동안에 조금은 좋아졌다고 느끼더라도 소리를 내어 읽는 연습은 더 계속하는 편이 좋다.

결국은 당신의 목소리는 당신의 인간성을 전달하는 가장 큰 수단이므로 개선하는 데에 시간을 사용할 가치는 충분히 있다.

바른 자세를 취할 것

이야기할 때의 자세가 나쁘면 명확히 말할 수 없다. 바르게 호흡을 할 수 있도록 똑바로 앉고 서라. 턱을 들고 똑똑히 발성할 수 있게 하라.

입은 메가폰과 같다는 사실을 염두에 두고 말하라. 입은 듣기 쉬운 방향, 이야기를 듣고 있는 사람쪽으로 돌려야 한다.

(2) 언어 사용법의 연습

인간은 언어에 의해 웃거나 울거나, 사랑하기도 한다. 언어는 반감, 증오, 그리고 죽음조차도 초래할 수가 있다. 또 기쁨이나 우정을 만들기도 하고 생명을 지탱하는 것이기도 하다.

문명은 언어와 함께 진보해 왔다. 한 나라의 운명까지도 언어에 의하여 바뀌는 일이 있다. 그런데 인간이 언어의 사용법에 대하여 거의 무관심한 것은 매우 유감스럽다. 언어는 인간성을 따뜻하고 빛나는 것으로 하는 풀무이다. 언어에 의하여 사람들을 끌고, 강한 인상을 줄 수가 있다. 인생의 에스커레이터를 한층 높은 정상으로 인도할 수 있다.

그러므로 회화의 참다운 목표, 즉 다른 사람에게 즐거움과 이익을 주는 데 알맞는 언어를 사용해야 한다.

이제부터 하는 이야기는 당신의 힘이나 매력을 나타내기 위해 언어를 사용하는 방법이다. 그것은 당신의 화법이나 인간성의 내부에 표현될 것이다.

다른 사람이 이해할 수 있는 말을 사용할 것

"그 연구자의 출현에 제하여 그의 헤게모니는 공간에서의 계속적인 이동에 의해 유시화(有視化)된 지역에 최소한도 동시간에 미치게 되었다."

이 문장에 잘못은 없다. 이 글에 사용되고 있는 언어는 모두 사전 속에 있다. 단 한 가지 문제는 이 글을 읽어도 아무도 무슨 말인지 알지 못한다는 점에 있다.

누구나 이해할 수 있는 언어로 고쳐 써 보면 다음과 같다.

"그가 왔다, 그가 보았다, 그가 이겼다."

앞에 든 문장은 '사무용어(事務用語)'라고 일컫는 것이다. 그 언어는 아무도 이해할 수 없다. 그러나 이러한 '사무용어'를 사용하는 사람은 얼마든지 있다. 그것은 무언가 자기가 특별한 사람, 높은 지위에 있는 사람처럼 생각하기 때문이다.

그렇지만 그런 일로 말을 잘하는지 서툰지를 말할 수는 없다. 왜냐하면 말을 잘하는 사람은 자기에게 하는 것이 아니라, 다른 사람에게 즐거움과 이익을 주는 것이기 때문이다.

커뮤니케이션의 문제점

판매에 있어서 당면하는 커다란 문제의 하나에 세일즈맨의 말씨가 포함되어 있다.

예를 들면, 자동차의 판매를 시작했다고 가정하자. 처음에 2,3개월은 그럭저럭 잘할 것이다. 자기가 파는 상품에 열중해서 '손님의 입장에 선 언어'를 쓰기 때문이다.

하지만 경험을 쌓아 감에 따라 많은 것을 배워 간다. 자기가 판매하는 상품의 부품에 대한 전문용어도 알기 시작한다. 포지트렉션, 크랏치, 크로스샤프트, 스테링 링케이지, 프론트 서스펜션, 디스트리뷰우터 따위를 말하게 된다. 그리고 자신도 깨닫지 못하는 동안에 사람들에게 뽐내는 것처럼 되어 이런 말을 쓰기 시작하면서 손님에게 강한 인상을 주려고 한다.

손님은 죠를 보고 "세일즈맨 씨, 나는 교양이 없어서 당신이 말하는 것을 이해하지 못하겠는데요."라고는 말하지 않는다. 그 대신, "그럼 생각해 보겠습니다. 매우 감사합니다."라고 내뱉고 전시실을 나갈 것이다.

가장 문제가 되는 것은 참으로 그러한 것을 이해시키려고 하는 사람은 거의 없다는 사실이다. 오로지 다른 사람에게 강한 인상을 주려고 할 따름이다. 전문가는 언어를 사용하여 익힌 사무용어를 쓰고 싶은 것이다. 그리고 그 결과 이해시키지 못하고 만다는 뜻이다.

그러므로 당신도 자기가 사용하고 있는 언어의 의미를 잘 이해하고 나서 사용하도록 해야 한다. 당신이 이해할 수 없는 말을 상대방이 사용했을 때, 잘못은 당신에게 있는 것이 아니다. 이 사실을 기억해 두라. 잘못되어 있는 것은 상대방이다. 이해시킬 수 있는지 없는지의 무거운 짐은 말하는 쪽의 어깨에 얹혀 있는 것이다. 그러므로 상대방이 이해할 수 있게 쉬운 말로 이야기하는 것이 중요하다.

묘사적인 언어를 사용할 것

다음 문장을 읽어 보라.

주는 나를 보호하신다. 그리고 내 소원을 이루어 주신다.
주는 나에게 휴식과 평안을 주신다.
주는 나에게 힘을 주시고 바른 길로 인도하신다.
병이 났을 때도 나는 두려워하지 않는다. 왜냐하면 주와 함께 있기 때문이다. 주는 나를 낫게 하여 주신다.

좋은 문장이다. 하지만 몇 천년 동안 사람들의 마음 속에 살아 있을 만큼 좋은 문장이라고 할 수 있는가? 세대(世代)에서 세대로 면면히 이어져 내려오고, 괴로울 때나 슬플 때에 떠오를 수 있을 만큼 눈부신 힘을 가지고 있는가? 아니 그렇다고는 말할 수 없다.

그렇지만 이와 같은 의미의 말을 성경의 〈시편〉에서는 어떤 말로 표현하고 있는지 살펴보기로 하자. 이것은 세대에서 세대로 무수한 사람들의 마음에 살아온 것이다.

주는 나의 목자이시니
나는 부족함이 없으리로다.
그는 나를 푸른 초장에 누이시며
쉴 만한 물가로 인도하시도다.
내 영혼을 소생시키고 자기의 이름을 위하여
의로운 길로 인도하시도다.
내가 죽음의 음침한 골짜기로 다닐지라도
위해를 두려워하지 않을 것은
주께서 나와 함께 하심이라.
주의 지팡이와 막대기가 나를 안위하시니라. (시편 23편)

얼마나 다른가. 이것이 바로 묘사적인 언어이다. 〈시편〉을 쓴 사람은 자기의 생각과 이미지를 나타내기 위해 묘사적인 언어를 사용한 것이다.

칼빈 쿠리지는 말하지 않기로 소문난 인물이었다. 어느 날 밤, 쿠리지의 친구 두 사람이 내기를 걸었다. 한 사람은 쿠리지가 세 마디 이상 말할 것이라는 쪽에 걸었지만, 또 한 사람은 이와 반대로 세 마디도 하지 않는다는 쪽에 걸었다. 쿠리지는 이 내기에 대하여 알고 돌아갈 즈음에 세 마디 이상 쪽에 건 신사에게 가서 "자네가 졌네."라고 단 두 마디만을 했다.

칼빈 쿠리지의 인간성을 나로서는 잘 모르겠으나 당신은 이런 사람과 함께 저녁 식사라도 같이 할 수 있겠는가! (당신이 죽음과 같은 침묵의 열광적인 팬이라면 이야기는 다르지만)

침묵을 미덕이라고 하는 것은 너무나 지나친 말이다. 회화를 묘사적인 언어나 감정으로 수식하기를 주저해서는 안 된다. 〈시편〉을 쓴 사람도 묘사적인 언어를 사용하여 자기의 기도를 영원히 남겼던 것이다. 당신도 묘사적인 말을 사용함으로써 싱싱하고 활기있는 감동적인 이야기를 할 수 있다.

묘사적인 언어를 사용하는 방법

매력적이고 알기 쉽다고 말할 수 있는 것은 '마음의 눈'으로 볼 수 있는 것이다. 이 사실을 잊지 않도록 하라.

당신의 집이나 작업장의 주변을 잘 관찰하여 묘사적인 언어를 사용하는 연습을 하는 것이 꼭 필요하다. 일어난 일, 장소, 그 밖의 에피소드에 관하여 이야기를 하기 전에는 눈을 몇 초 동안 감고 묘사하려는 것을 그림으로 머리에 그리고, 그리고 나서 그 그림을 설명하면 된다.

"우리집 뒷뜰에는 나무가 몇 그루 서 있습니다."라고 말하기보다는 "우리집 뒤뜰에는 오두막과 새끼줄이 쳐 있고, 도토리가 수없이 떨어져 있습니다. 거기에는 두 그루의 가지가 많이 뻗은 감나무가 있습니다."라고 말하는 것이다.

묘사적인 말을 사용하는 것은 주장하고 싶은 포인트를 빗나가서 지루하게 말하는 것을 뜻하는 게 아니다. 또 이것저것 가리지 않고 자상하게 늘어놓는 이야기라는 뜻도 아니다. 이야기의 요점을 더욱 분명하게 하기 위해 묘사적인 형용사를 사용한다는 말이다.

관계도 없는 사실이나 세부적인 것만을 늘어놓아서는 좋지 않다. 이야기의 하이라이트를 빛나게 하고 열의와 활기와 흥미로써 상대방에게 그것을 전해야 한다.

들어서 기분 좋은 언어를 사용할 것

누군가와 대화를 할 때는 상대방이 싫어하는 감정을 갖게 하는 언어는 피하는 것이 화법의 예의다.

이를테면, 싫다, 살려야 되지 않겠나, 거짓말이야, 파렴치, 관계없다, 최하, 실례했어요, 싫은 느낌, 안됐어, 바보, 바보 같다, 바보군, 때려 눕힌다.

이렇게 별로 의미가 좋지 않은 말을 너무 지나치게 사용하고 있는 사람들이 많다. 이와 같은 언어를 되풀이해서 말하면 듣고 있는 사람은 좋은 기분이 되지 못한다.

언젠가 나의 친구가 이런 이야기를 해준 적이 있다.

"우리 부친께서는 일흔다섯 살이 되시는데도 결코 모독적인, 저주하는 말은 사용하신 일이 없으셔. '저주하는 말'을 사용하지 않아도 다른 말이 얼마든지 있다고 말씀하시지."

저주하는 말을 사용하는 사람일수록 감정을 적절히 표현하는 능력을 가지지 못하는 법이다. 또 표현하는 언어를 그다지 알지 못한다는 것을 스스로 공표하고 있는 것과 같다.

모독적인 언어를 사용하여 좋은 인상을 주기는 불가능하다. 오히려 매우 좋지 못한 인상을 주어버린다. 그러므로 듣고 있는 사람의 귀에 기분 좋게 들리는 언어를 사용하도록 힘 써야 한다. 솔로몬의 잠언(箴言)에 이런 말이 있다.

"듣기 좋은 말은 꿀처럼 넋에 달고 몸을 활기있게 한다."

(3) 제스처를 사용할 것

이야기를 할 때에 사용하는 제스처를 꼽아보면 수를 헤아릴 수 없을 만큼 많다. 그러나 실제는 제스처를 조금도 사용하지 않는 사람이 많다. 제스처는 감정을 전달하며 이야기에 싱싱한 열의를 불어넣는다. 듣고 있는 사람이 권태롭게 여길 때 그것을 타파하는 것이다.

미국 케니언 대학의 언어학과 학생들이 실험을 거듭한 결과 재미있는 사실을 증명했다. 그것은 인간은 상대방의 얼굴을 보지 않고도 야단을 치면 대개의 경우는 덩달아서 마주 야단을 친다는 사실이다.

이는 전화, 인터컴, 그 밖의 장치를 사용하여 행해졌다. 목적은 해외에 있는 선박에 명령을 내릴 때 가장 적당한 음성의 상태를 조사하는 데 있었다. 그 실험에서 안 일이지만, 처음에 말을 거는 쪽이 부드러우면 그 말을 듣는 쪽도 부드럽게 대답한다. 화를 내서 야단을 치면 똑같은 대답이 되돌아온다.

당신의 이야기를 듣고 있는 사람은 당신의 기분과 감정을 반영한다. 가만히 앉아서 무뚝뚝하게 말하면 듣는 쪽에서도 큰 감정이 나타나지 않는다. 보통 성인의 경우 듣는 데 전념할 수 있는 시간은 15초로 추정되고 있다. 그 뒤에는 듣는 사람의 흥미는 희박해지고 주의력이 산만해지는 것이다. 그러니까 상대방의 주의를 끌려면 매 15초마다 어떤 행동으로 상대방의 주의를 이쪽에 돌이키지 않으면 안 된다. 윙크를 하거나 머리를 갸

웃거리거나, 어깨를 움츠리거나, 손으로써 제스처를 하거나 해야 한다. 앞으로 기웃거리거나 뒤로 제끼거나 해서 어떻든 계속 움직여야 한다. 이 연습을 거울 앞에서 해 보라. 눈썹을 움직이고 머리를 갸우뚱해 보고 손을 움직이며 자기에게 말을 걸어 보는 것이다.

이런 제스처에 의한 동작 하나하나가 당신의 회화에 빛과 생명을 준다.

잊지 말아야 할 일

가장 중요한 제스처는 이미 서술했다. 웃음을 잊지 말 일이다. 이야기의 전문가는 이것을 자기의 습관으로 하기 위해 열심히 노력을 쌓고 있다. 세계적으로 이름을 떨치고 있는 어떤 강연가는 웃는 습관을 익히는 것이 무엇보다도 가장 어려웠다고 말하고 있다.

웃으면서 이야기하라. 이야기할 때에 입술의 양 끝을 치켜올리도록 하자. 혹자는,

"그럼 진지하고 엄숙한 느낌을 내려고 할 때에는 어떻게 하면 좋은가?"

라고 물을 것이다. 그것은 간단하다. 아무 때라도 하고 싶을 때에는 할 수 있지 않은가? 지금도 너무 하고 있지 않은가? 오히려 더욱 웃음을 연습하라. 때때로 커다란 웃음으로 발전하는 웃음을. 그러나 이것은 대단히 어려운 일이다. 이야기의 리듬과 경쾌함을 더하게 하라. 이것이 가장 큰 제스처이다.

건전한 지혜의 법칙을 아는 자는 그것을 사랑하는 자보다 못하고, 그것을 사랑하는 자는 그것을 행하는 자보다 못하다. –중국 명언–

알기 쉽게 그리고 재미있고 싱싱한 화법을 하기 위한 원칙은 다음의 세 가지이다.

(1) 똑똑히 말할 것
① 입술과 턱을 움직일 것.
② 집중할 것.
③ 음조의 변화나 억양을 붙일 것.
④ 바른 자세를 취할 것.

(2) 언어의 사용법
① 다른 사람이 이해할 수 있는 언어를 사용할 것.
② 묘사적인 언어를 사용할 것.
③ 들어서 기분 좋은 언어를 사용할 것.

(3) 제스처를 활용할 것
① 제스처를 사용하여 활기있는 이야기로 만들 것.
② 웃으면서 이야기할 것.

상대방의 마음을 사로잡는 여섯 가지 규칙

공손함은 사랑을 불러온다.
선을 수반하는 공손은 이 세상에서 가장
사람의 마음을 끄는 것이다.
그러므로 그것을 스스로 찾아야 한다.
그것이 저절로 나타나는 것이 아니다.
—톨스토이—

제10장

상대방의 마음을 사로잡는 여섯 가지 규칙

"여러분, 누구나가 마음 속으로는 소심한 사람입니다. 하지만 나는 위험에 직면했을 때에 자신을 갖게 하는 것을 하나 발견했습니다."

이 말은 왕년에 대학 축구에서 크게 이름을 떨쳤던 쿼터백의 말이다. 미네소타 대학의 베브 르보어는 1930년대에 미국의 챔피언 팀에서 활약했던 사람이다. 우리는 점심을 먹으면서 아프리카 원주민에게 살해된 선교사들의 이야기를 하고 있었다.

축구 경기장에서 수많은 육체적인 위험과 정신적 스트레스를 경험하면서 언제나 침착성을 일깨워 온 그가 "누구나 마음 속에서는 소심한 사람입니다."라고 말한 후에 다음 말을 이었다.

"나는 시카고의 올스타게임을 할 때에 그렇게 생각했습니다. 일반 사람은 '축구선수는 다 용기가 있는 것으로 생각하고 있습니다. 그러나 그렇지를 못합니다. 그들도 보통 사람과 마찬가지로 두려워합니다. 올스타게임이 있기 전에 나도 불안으로 가득했습니다. 게임이 있기 전날 밤엔 걱정이 된 나머지 꿈까지 꿀 정도였습니다. 다음날 경기 시작 전 스타디움에서 워밍업을 하고 있을 때는 수많은 관중에게 압도되고 있었습니다.

그리고 게임이 시작되자 나는 완전히 다른 인간이 되었습니다. 벌써 두려움도 걱정도 없었습니다. 그리고 게임도 생각했던 것보다 아주 잘 진행되어 갔습니다.

그 뒤에 이 교훈은 인생에 도전할 때마다 늘 많은 것을 가르쳐 주었습니다. 그 교훈이란 우리들이 필요로 할 때에는 신은 언제나 용기를 준다는 것입니다.

콘크린 씨, 참말입니다. 지금 이렇게 평화롭게 이야기를 나누고 있는 당신과 나는 만일 생명의 위험에 직면했다고 한다면 얼마나 무서울까 하고 생각하고 있습니다. 정작 그 상황에 직면하면 자신도 놀랄 만큼 용기가 솟아나는 법입니다. 왜냐하면 견디지 않으면 안 될 시련에 이기기 위해 신은 반드시 용기를 주실 것으로 믿고 있기 때문입니다.

나에게 자신을 안겨 준 것은 그것에 대한 나의 믿음입니다. 무언가 근심이 되는 일이 있더라도 필요한 때에는 반드시 힘과 침착성이 나온다고 믿고 있습니다. 그래서 어떠한 일이 있더라도 서슴지 않고 앞으로 나아가려는 마음이 생기게 됩니다."

베브 르보어는 자신도 깨닫지 못하는 사이에 상대방의 마음을 사로잡기 위한 룰에 따르고 있었다. 그는 애써 자기를 꾸미려고 하지 않았다. 세상에는 온갖 말과 치장으로 자기를 은폐하고 있는 사람은 실로 많다. 그러나 그는 자기를 드러내놓고 자기가 두려워하고 있다는 사실을 인정했다. 자기는 언제나 불굴의 용기를 가지고 있다는 거짓말은 하지 않았다. 인생의 문제에 직면하여 해답을 얻은 한 사람의 인간으로서 내면의 의심과 두려움을 말하고 있었던 것이다.

그렇기 때문에 누가 들어도 감동되었을 것이 틀림없다.

사람들과 이야기하고 있을 때, 상대방의 마음을 사로잡고 싶다면 그것을 위한 첫째 규칙을 먼저 실행해야 한다.

규칙 ①-자기를 드러내놓을 것

어느 날 밤, 스피치 클래스에서의 일이다. 수강생들은 각기 자기가 선택한 제목에 대하여 3분 동안 스피치를 하기로 되어 있었다. 제목은 '벼룩의 훈련'으로부터 '파키스탄의 석유자원'에 이르기까지 갖가지였다.

그러나 그날 밤 상을 탄 것은 자기를 숨김없이 드러내놓은 여성이었다. 흑인인 그녀는 다음과 같은 이야기를 시작했다.

"저는 백인과 결혼했습니다. 우리들의 결혼에 있어서 가장 큰 문제에 대하여 이야기를 하려고 생각합니다."

그녀는 여기서 잠시 이야기를 멈추고 클래스 전원이 주의를 기울이기를 기다렸다. 클래스의 수강생들은 극적인 시작으로 자신을 드러내놓는 여성의 솔직한 말솜씨에 넋을 잃고 그녀를 지켜 보았다.

"우리들과 같은 결혼을 한 경우에는 많은 문제가 따르기 마련입니다. 우리들이 함께 있을 때의 주위의 호기심에 넘친 시선, 이웃으로 살 집을 구하기 위해 찾아다니는 일, 부모나 친척의 걱정 등 잠시 꼽아보기로 하면 한이 없습니다.

하지만 참으로 가슴을 조이게 한 것은 여덟 살 되는 아들이 울면서 학교에서 돌아왔을 때입니다. "엄마, 어째서 난 친구가 없어? 나는 친구를 사귀고 싶은데, 다들 나를 놀려요. 아무도 내 친구가 되어 주지 않아요."라고 말할 때였습니다.

아들의 피부는 무척 하얗습니다. 그래도 아들은 백인이나 흑인, 어느 쪽의 그룹에도 받아들여지지 않습니다. 흑인도 백인도 아들을 놀려댑니다. 나는 남편과 나, 즉 우리들의 문제를 서로 이해하고 깨닫고 있습니다만, 여덟 살이 되는 어린이에게 어떤 방법으로 '차별'을 설명하면 좋을까요? 어느 쪽의 그룹에게서나 놀림을 받는 것은 무언가 좋지 못한 일을 해서가 아니라, 아들의 존재 자체에 원인이 있다는 사실을 어떻게 이해시키면 좋을까요? 그러나 답은 없다고 생각됩니다. 아들에게 이해시킬 방법은 없습니다.

그렇지만 어머니로서 아들의 눈앞에서 동정을 보일 수는 없습니다. 어린이가 자기 자신에게 연민을 가지게 하고 싶지는 않기 때문입니다. 그래서 나는 홀로 될 때까지 눈물을 보이지 않습니다. 그러나 나의 가장 슬픈 순간은, 문이 열리고 거기에 눈물어린 아들의 얼굴을 볼 때입니다. 또 놀림을 받고 돌아온 것입니다. 그 시련을 진정으로 이해하기는 정말 아직 너무 어리다고 생각하는 것입니다. 그것은 아들이 성인이 될 때까지 계속되겠지요."

그리고 그녀는 구체적인 문제점이나, 이 문제에 대하여 어떻게 학교당국과 상의했는가를 설명했다.

그녀는 불평을 말하지 않고 설명한 것이다. 자기를 드러내놓은 것이다. 그녀가 자리에 앉고 수강생들이 박수를 칠 때까지 몇 분 동안을 무거운 침묵이 지배했다. 그녀는 자기를 수식하지 않고 정직하게 드러내놓아 그날 밤 가장 사람들의 마음을 사로잡은 인간이 되었던 것이다. 그리고 클래스 전원의 주목을 한몸에 모았었다.

언제나 자기 자신으로 있을 것

허버트 토루 박사는 강연을 직업적으로 하고 있었다. 즉 이야기의 전문가였다.

프로이니만큼 그 이야기 솜씨는 사람들의 마음을 사로잡고도 남음이 있었다. 그런 그의 말에 따르면 사람들 앞에서 이야기함에 있어서 최대의 장애가 되었던 것은 그 자신을 드러내놓는 일이 가장 어려웠다고 한다.

자기의 있는 그대로의 실속을 보인다는 것은 그리 간단한 일이 아니다. 그는 신에 관하여 말하고, 어린이의 육영방법에 대하여 말하고, 사회문제에 대한 의견을 논한다. 그것은 가장 사적인 이야기이기도 하다. 그러나 그렇게 함으로써 다른 사람을 매혹하고 있다. 그 이야기는 결코 설교하기가 어렵지도 않으며 인간의 결점을 도덕적 편견으로부터 비판한다는 뜻도 아니다. 다만 솔직하게 있는 그대로의 자기를 보일 따름이다.

재크 파아를 대중 스타로 끌어올린 것도 이와 같은 자기 연출에 있었다. 수습 전문인 희극 배우라는 이미지를 탈피하여 프로에서 진정한 자기를 보였을 때, 인기인이 되었던 것이다. 그는 2천만 시청자 앞에서 울면서 자기의 인생문제를 논하고 다른 사람의 비난이나 힐책을 이야기하는 것조차 부끄러워하지 않았다. 그도 역시 적나라한 자기를 보임으로써 홍미를 끌었던 것이다.

어빙 베를린은 조지 거슈인을 처음 만났을 때, 한눈으로 거슈인의 천재적인 재능을 알아냈다. 당시 거슈인은 주급 35달러로 틴 팬 알리에서 일하고 있었다. 베를린은 그 세곱의 급료로 거슈인에게 일해 주기를 바란다고 말하면서 이렇게 충고했다.

"하지만 자네는 내 청을 받아들이지 않는 게 좋을 걸세. 왜냐하면 지금 자네가 내 일을 하면 자네는 이류의 베를린이 되어 버리고 말기 때문이지. 그러나 어디까지나 자네 자신으로 있다면 언젠가는 틀림없이 일류의 거슈인이 될 걸세."

거슈인은 베를린의 충고와 같이 자기 자신인 채로 있었다. 그리고 드디어 미국의 전설적인 작곡가가 되었다. 항상 자기 자신으로 있으라. 있는 그대로의 자기를 보이기를 결코 주저해서는 안 된다.

〈어떻게 하면 이야기를 잘 할 수 있는 사람이 될 수 있느냐〉라는 논문을 클리스토퍼는 다음의 문장으로 결론짓고 있다.

"이 책은 대중 앞에서 하는 연설을 위해 쓰여진 것이지만 상대방의 마음을 사로잡는 이야기를 할 때에도 마찬가지로 도움이 될 것이다."

'있는 그대로의 당신' 그 자체가 가장 훌륭한 것이다.

장래에 연설자가 되려고 뜻을 세우고 있는 사람들이 저지르기 쉬운 잘못은 현재 성공하고 있는 연사를 모방하려는 점이다. 자기의 개성이나 특색을 발견하여 그것을 살리려고는 하지 않는다.

신은 당신에게 당신만이 가지고 있는 개성을 부여했다. 신은 당신이 생각하는 것, 말하는 것, 하는 일 모두에 독창성과 개성이 발휘되기를 바라고 있다.

당신이 언어를 선택하는 방법, 표현방법, 강조하는 점 등은 다른 사람들과는 조금씩 다를 것이다. 당신 화법의 개성이 당신에게만 있는 특질을 빚어내고 있다.

"자기를 주장하라—결코 흉내를 내서는 안 된다."라는 에머슨의 충고를 잊지 말라.

규칙 ⑫-자기가 관심을 두는 것에 대하여 이야기할 것

상대방의 마음을 사로잡으려면 먼저 당신이 흥미를 느끼고 있어야 한다. 흥미가 없는 것을 아무리 재미있는 것처럼 이야기해 보았자 사람들은 속지 않는다.

내가 친구의 사무실에서 친구를 기다리고 있던 때의 일이다. 비서의 책상 위에 베스트셀러인 두꺼운 책이 놓여 있는 것을 보았다. 그래서 그 비서에게 그것을 읽고 있느냐고 물어 보았다. 그녀는 지금 읽고 있는 참이라고 말했다. 나는 다시 재미있느냐고 물어 보았다. 그러자 그녀는 이렇게 대답했다.

"솔직하게 말해서 조금도 재미가 없어요. 이 책은 읽을수록 별게 없다고 할 만큼 쓸모 없는 책이에요. 싫증이 나서 견딜 수 없을 정도에요. 하지만 이제 다 읽어 갑니다."

"좋아하지도 않는 책을 어째서 읽고 있습니까?"

다시 물었을 때 그녀의 대답은 이러했다.

"저도 이 책의 이야기를 하고 싶으니까요. 이 책에 대하여 지적인 회화를 하고 싶기 때문입니다."

이런 자세로 책을 읽으면 그녀의 이야기가 어떤 것이 될지 아마 상상이 갈 것이다. 전혀 흥미를 갖지도 않은 책을 억지로 읽고 나서, 그 책에 대해 재미있게 이야기를 하겠다고 말하고 있으니까 말이다.

쓸모 없다고 생각하면서 읽은 책에 관하여 이야기를 하기 보다도 날마다 겪는 체험이나 일어난 일에 대하여 이야기하는 편이 훨씬 더 상대방의 마음을 사로잡을 수 있다.

잡지사에서는 책에 싣기 위해 재미있는 기사를 항상 찾고 있다. 대중의 주목을 모을 만한 기사가 아쉬운 것이다. 스탭에게는 우수한 문필가가 많이 있다. 그러니까 예를 들면, 아프리카에 대한 소재가 아쉬우면 문필가 한 사람을 도서관에 가서 쓰게 할 수도 있다. 아프리카에 가지 않더라도 자료를 조사하면 쓸 수 있다. 그런데도 왜 그렇게 하지 않을까?

잡지사에서는 아마 이렇게 대답할 것이 틀림없다. 우리가 추구하고 있는 것은 실제로 그곳에 가 본 일이 있는 인간이다. 그들이 찾아 헤매고 있는 사람은 아프리카에 관심을 가지고 자기의 눈으로 확인하려고 하는 사람이다. 그러한 사람만이 독자의 마음을 사로잡을 수 있고 자기의 감정과, 자기의 견해와, 자기의 홍미를 가지고 있기 때문이다.

다른 사람이 당신에게 구하고 있는 것도 바로 당신의 경험이나 홍미이다.

그러므로 앞에서 소개한 비서도 '비서를 하고 있으면서 재미있게 생각하고 있는 것'이라든지, '오늘 아침에 출근 길에 일어난 일' 등을 이야기하는 편이 훨씬 재미있는 이야기로 될 것이 당연하다.

상대방의 마음을 사로잡을 수 있는 인간이 되기 위해 자기가 홍미를 가지고 있는 것을 이야기하라.

규칙 ⑬–실례나 일화를 사용할 것

아무라도 이야기를 듣는 것은 좋아한다. 예를 들면, 다음과 같은 이야기는 어떨까?

① 제니 버먼트는 조그마한 마을에서 살고 있는 젊은 여성인데, 많은 수입을 올리고 있다. 스물두 살로 소득은 연간 1만 달러 이상이다.

제니는 인구 3,200여 명의 마을, 미드타운의 고등학교를 졸업하자 잠시 동안 가까운 치과의원에서 접수원으로 일했다. 그러나 그녀의 꿈은 컸었기 때문에 그녀는 도시에 나가서 내셔널 비즈니스 스쿨에 다니기로 했다. 비서과정을 공부하기 위해서이다. 그래서 기계를 사용하는 속기를 배우고, 그것을 습득하면 재판소의 속기사가 된다는 것을 알았다.

제니는 재판소의 일을 목표로 했다. 그리고 적어도 하루 세 시간의 훈련을 2년 동안 계속해 드디어 스피드 테스트에 합격했다. 그것은 1분 동안에 200단어의 스피드였다. 그녀는 재판소의 속기사로서 필요한 능력을 충분히 가지고 있다는 것을 알았다. 그리고 테스트에 합격하고 나서 2년도 되지 않는 사이에 한 해에 1만 달러 이상의 수입을 올리게 되었다. 이것이 그야말로 문자 그대로 그녀의 목표의식과 노력에 대한 보수였다.

이것을 다음과 같이 기록해 보자.

② 법정 속기는 재미있는 분야이며 많은 수입을 약속한다. 그러나 그를 위해서는 학교에 다니며 날마다 훈련을 받고, 그리고 능력검정 테스트에 합격하지 않으면 안 된다. 젊은 사람도 이 분야에서 많이 활약하고 있다.

그럼 ①과 ②를 비교하면 어느 쪽의 문장이 더 재미있을까? 틀림없이 ①쪽이 재미있다고 생각할 것이다.

왜 ①쪽이 재미있는가? 주요한 이유는 세 가지가 있다.

첫째, ①은 이야기로 되어 있다. 이야기는 언제 들어도 재미있다. 실화, 일화, 게다가 갖가지 이야기는 무척 즐겁고 회화에 빛을 준다.

①은 제니 버먼트라는 사람의 이야기였다. 인간의 이야기이며, 그녀가 성공한 이야기였다. 영감(靈感)이 용솟음치는 듯한 이야기는 사람의 흥미를 끌지 않을 수 없다.

이에 반하여 ②는 사물—즉 법정 속기—에 대한 설명뿐이었다. 사물은 그다지 사람들의 흥미를 끌지 못한다. 사물보다도 인간 쪽이 훨씬 사람의 마음을 사로잡는다.

둘째, 이 이야기에는 제니 버먼트라는 주인공이 있다. 누구나 이야기 속의 주인공을 좋아한다. 이야기를 들으면 자기가 주인공이 된 듯한 감정이 되어 끌려들어간다.

셋째, ①의 예는 구체적이었다. 사실을 말하고 있다. 적어도 열네 가지의 구체적인 이름, 장소, 숫자가 나왔다. 그러나 ②의 예는 사실을 말하고 있지 않다. 일반적인 화법으로 법정 속기라는 사항을 설명한 것 뿐이다. 이름, 장소, 시간, 숫자 등과 같은 구체적인 설명이 없기 때문에 별로 흥미를 끌지 못한다.

예수와 사도(使徒)들 사이에 나누었던 회화는 2천년 이상이나 살아 있다. 그러나 그 이상으로 중요한 것은 먼저 그 회화가 기록되었다는 사실이다. 그것도 놀랄 만큼 힘차고 명확하게 나타나 있다. 이것은 아마 예수가 비유를 자유로이 구사했기 때문일 것이다. 예수는 이야기를 듣는 사람이 자기의 눈과 귀로 확인할 수 있도록 비유를 사용하여 이야기를 한다고 말했다. 예수는 예언을 성취하기 위해 나타난 것이다.

"내가 입을 열어 비유로 말하고 창세로부터 갖추어진 것들을 드러내리라."(마태복음 13 : 34)

또 이솝 이야기에는 요점을 이야기하기 위해 우화가 사용되고 있기 때문에 오늘날에도 널리 애독되고 있다. 몇 세기 전에 쓰여진 당시보다도 오늘날이 더 잘 읽혀지고 있을 것이다.

그러므로 당신도 상대방의 마음을 사로잡고 싶으면 우화나 일화를 사용하여 이야기식으로 하라. 그 때에 다음과 같은 사실을 잊지 말아야 한다. 인간 쪽이 사물보다도 더 흥미를 일으킨다는 사실, 한 사람의 주인공이 등장하는 편이 재미있다는 것, 일반론보다도 구체적인 사실의 쪽이 흥미를 끈다는 것이 그것이다.

규칙 ④-서두의 말로 상대방의 마음을 붙잡을 것

이야기를 할 때에 가장 중요한 것은 최초의 10초 동안이다.

왜냐하면 10초 동안에 승부가 나고 말기 때문이다. 기분이 산만해진 사람이나 흥미를 나타내지 않는 사람의 마음에 파고드는 것은 이 때이다. 상대방을 집중시키고 흥미를 끄는 것은 이 때밖에 없다.

프랑스의 철학자 라 로슈후코는 이렇게 말하고 있다.

"이야기하면서 유쾌하게 되는 사람이 너무나도 적은 까닭은 모두 상대방의 이야기보다도 자기가 이야기하려는 것만을 생각하고 있기 때문이다."

최초의 10초 동안에 상대방의 감정을 끌어들이고 마음을 사로잡으라. 흥미를 가지고 당신의 이야기를 듣게 해야 한다.

재미있는 서두의 말

재미있는 서두의 말은 자신을 소개하는 것이다. 스피치가 시작되기 전의 소개에서 보통 이야기하는 사람은 여러 가지 과장된 화법으로 소개된다. 당신도 이야기의 처음에 이와 같이 하면 된다. 앞으로 하는 이야기에 대하여 너무 겸손하거나, 비하(卑下)하거나 해서는 안 된다. 멋진 스타트를 하라. 다음에 소개하는 것은 내가 들은 중에서 가장 좋다고 생각한 것이다.

"내가 이제부터 이야기하는 것은 당신에게 있어서 매우 중요한 것입니다."

이 경우에 해서는 안 될 말은,

"당신의 비즈니스에서는 이미 낡은 이야기가 되어 있을지도 모르겠습니다만……"

라고 해서는 안 된다. "재미있는 이야기가 있습니다."라고 해야지 "별로 재미없는 이야기여서 죄송합니다만……"이라고 해서는 그 순간 흥미가 없어져 버리기 때문이다.

흥미를 끌 수 있는 서두의 말을 하고 나서 5,6초쯤 사이를 두라. 그리고 상대방 마음의 기어를 당신이 하려는 이야기에 바꾸어 넣고 나서 이야기를 시작하는 것이다.

지금 소개한 서두의 말은 '좋은 점을 강조하고, 좋지 않은 점을 무시하기' 위한 한 가지 방법에 지나지 않는다. 찾으려고 노력만 한다면 얼마든지 찾을 수 있는 이와 같은 말들을 사용하여 이야기할 분위기를 조성하고 상대방의 마음을 사로잡는 사람이 되라.

사람들로 하여금 당신을 좋아하도록 만드는 것은 당신이 그 사람들을 좋아하는 다른 측면에 불과하다. -필-

규칙 5-유머를 두려워하지 말 것

유머를 하는 데는 특별한 재능이 필요하지 않다. 유머를 말하거나, 우스갯소리를 주저하는 사람이 많은 모양인데 조금도 주저할 게 없다.

"멋진 유머는 가장 좋은 양복의 하나이다."

윌리엄 닥커레의 말이다. 웃음은 신에게서 받은 선물이다. 그런데도 충분히 활용하고 있지 못하다. 유머의 센스를 살리고, 그리고 재미있는 이야기를 찾아 보라.

존 웨어즈는 "사람이 웃으면 신이 만족한다."라고 말했다.

호러스는 "사랑과 웃음 속에 살라."라고 했고, 에머슨은 "웃음에 의하여 배워라."고 했다.

웃으면 원기가 왕성해지고 순환을 잘하여 긴장을 완화한다. 이야기를 풍부하게 하는 가장 커다란 힘이다. 알프레드 스미드는 말 잘하기로 알려져 있었다. 이야기에 유머의 멋을 가미했기 때문이다. 그는 이렇게 말하고 있다.

"만일 사람을 웃길 수 있으면 그 사람을 생각하게 할 수도, 믿게 할 수도, 또 호감을 갖게 할 수도 있다."

당신의 화제에 꽃으로 꾸민 재미있는 이야기를 모으라. 그 이야기는 사람들이 떠들썩하게 웃는 것이 아니어도 괜찮다. 즐겁게 들을 수 있고, 싱글싱글 웃으면 그것으로 충분하다. 이로써 당신은 듣는 사람을 기쁘게 하고 있는 것이다. 그 사람들의 생활에 무언가 플러스가 되게 한 셈이 된다.

자, 그럼 이야기를 할 때의 비결로써 다음을 기억해 두라.

- 뛰어나게 능숙하지 못하면 사투리를 사용하지 말 것.
- 포인트가 정해지지 않은 것을 지루하게 이야기하지 말고

재빨리 요점에 들어갈 것.

- 듣는 사람에게 이야기를 하기 전에 들은 일이 있느냐고 치근치근하게 묻지 말 것. 재미있는 이야기라면 두 번 들어도 좋으며, 두번째의 쪽이 되려 더 재미있는 경우도 있다. 재미있는 이야기는 좋은 노래와 같은 것이다. 만일 노래를 한 번밖에 즐기지 않는다고 한다면 베토벤을 되풀이해서 듣는 사람은 거의 자취를 감추고 말 것이다.
- 자기 자신을 웃음의 소재로 하면 이야기를 한층 유쾌한 것으로 하고 유머러스하게 만든다. 당신 자신을 웃음의 표적으로 하라.

재크 베니는 오랫동안 자기를 구두쇠라는 이미지로 인식시키고 있었다.

또 미국에서 재미있는 연설가로서 널리 이름을 떨치고 있는 빌 고오브는 언제나 다음과 같은 서두로 이야기를 시작하고 있었다.

"여러분, 아시는 바와 같이 나는 무척 지껄이기를 좋아합니다. 어느 날 오후에 딸 하리에트가 학교에서 돌아왔습니다. 그리고 어머니에게 무언가를 물었습니다. 어머니는 '아버지가 돌아올 때까지 기다렸다가 여쭈어 보아요.'라고 대답했답니다. 그러자 하리에트는 '하지만 그렇게까지 해서 알고 싶지는 않아요. 아빠의 설명은 너무너무 길어요.'라고 대답했다는 것입니다."

누군가의 일을 말해서 듣고 있는 사람을 웃게 하려고 한다면 그 표적을 당신에게 돌리라.

- 자기의 차례가 오기 전에 연습할 것. 새로운 이야기를 할 때에는 두세 번 자기 자신에게 이야기를 해보며 연습을

하는 것이 중요하다. 그렇게 하면 자신의 차례가 되었을 때에는 아주 잘하게 될 것이다. 잘할 수 있게 되면 그 뒤에도 몇 번이고 사용할 수 있는 이야기를 습득한 것이다.

좋은 소재를 수집하는 방법

어젯밤 나는 만찬회에 갔다. 그때 한 사람이 7,8명의 그룹과 이야기를 하고 있었는데, 우스갯소리로 인해 웃음이 끊이질 않았다. 하지만 오직 한 사람만은 웃지 않고 있었다. 그것은 그가 마음으로부터 믿고 있는 신앙을 조롱당했기 때문이었다.

이 사건이 있은 이래 나는 언제나 다음 사항을 내 강좌를 듣는 사람들에게 알려주고 있다. 이것은 화제의 소재를 수집하는데 대단히 도움이 된다.

좋지 못한 재료란 다음과 같은 것이다.

부인이 민망해서 얼굴을 붉히는 것.
누군가의 마음을 아프게 하는 것.
성스러운 것을 더럽히는 것.
인간의 약점을 웃음의 재료로 하는 것.
신성한 것을 모독하여 웃는 것.
어린아이를 울리는 것.
다같이 웃을 수 없는 것.

규칙 ⑥-항상 준비하여 둘 것

만약 당신이 유머화술을 능숙하게 구사할 수만 있었더라면 파티의 꽃이 되었을지도 모른다. 또 윗트에 넘친 재미있는 이야기로 오찬회에 모인 사람들을 매혹시키거나, 혹은 만찬회에 초청한 부부를 크게 웃길 수 있었을지도 모른다.

그러한 기회를 놓치고 후회한 일이 적어도 한두 번은 있었을 것이다. 그 때에 재치있고, 재미있는 화술을 사용했더라면 자신의 이미지를 심어놓을 수 있었는데 하고 후회했을 것이다.

이런 일을 피하려면 미리 마련해 두어야 한다. 갑자기 이야기해야 할 처지가 되는 일은 그리 흔치 않을 것이기 때문이다.

이 장에서는 상대방을 즐겁게 할 만한 화제에 대하여 배워왔다. 또 이 장에서는 회화에 적극적으로 가담하여 상대방의 마음을 사로잡을 수 있는 사람이 되기 위해서는 어떤 소재가 좋은가를 배웠을 것이다.

에피소드, 이야기, 실화, 일화, 경험 등 당신의 독특한 것이 있을 것이므로 그것을 작은 노트에 기록해 보라. 그리고 이야기하기 전에 노트를 다시 읽어 보고, 어느 것을 사용할지 생각하면 말이 떠오르지 않아서 난처해지는 일도 없을 것이다.

이렇게 하면 이야기한 뒤가 아니라, 이야기하기 전에 말해야 할 것을 생각해 둘 수 있다. 준비를 하면 당신은 상대방의 마음을 더욱 사로잡을 수 있다.

이야기를 할 때에 다음의 여섯 가지 룰을 잊지 말라.

① 자기를 드러낼 것.

② 자기가 관심을 가지고 있는 것에 대하여 이야기할 것.

③ 실례나 일화를 사용할 것.

④ 서두의 말로 상대방의 마음을 붙잡을 것.

⑤ 유머를 두려워하지 말 것.

⑥ 언제나 미리 준비하여 둘 것.

밝은 인간관계를 만든다

자, 준비는 완료했다.

듣는 방법도 배웠고, 화법도 알고 있다. 정확하게 이 두 가지를 터득하면 말 잘하는 사람이 될 수 있다. 이 장에서는 다음 일을 설명한다.

① 짧은 회화를 하는 방법.

② 긴 회화를 하는 방법.

③ 회화를 컨트롤하는 방법.

회화를 할 때는 이야기하는 것과 듣는 것을 잘 조절하는 것이 매우 중요하다. 만약 당신이 이야기할 때 듣는 사람들이 모두가 분명한 관심을 보일 때에는 이 법칙을 무시해도 좋다.

그러나 당신의 이야기를 더 계속해서 들으려고 생각하지 않을 때에는 다음의 룰을 지켜서 이야기를 제한해야 한다. 전체의 시간을 사람 수대로 나누는 것이다. 그것이 당신이 이야기해도 되는 시간이다.

만일 다섯 사람이 있으면 5분의 1의 시간이 당신의 몫이다. 두 사람이라면 2분의 1이다. 그러나 그 시간이 당신을 위해 보장되어 있다고는 생각하지 말 일이다.

자기가 이야기하는 시간을 얻기 위해 남의 이야기를 중단시켜서는 안 된다. 다시 말하자면 어떠한 이유가 있더라도 남의 이야기를 방해해서는 안 된다. 그것이 참으로 말 잘하는 사람인지 어떤지를 결정하는 요건이 된다. 왜냐하면 말 잘하는 사람은 결코 다른 사람의 이야기를 중단시키지 않는다. 거꾸로 다른 사람으로 하여금 자기의 이야기를 중단하게 하는 것이다.

왜냐하면 말 잘하는 사람은 상대방이 이야기하고 싶다고 생각할 때에 이쪽이 더 말하더라도 의미가 없다는 사실을 알고 있기 때문이다. 그러므로 누군가가 이야기하고 싶어하는 신호를 보내고 있지는 않나 언제나 주의깊게 살펴보라. 그리고 신호가 있는 듯하면 이야기를 중지하고 곧 상대방에게 이야기하게 하는 것이 좋다. 그 이상 말하더라도 헛일이다. 상대방은 듣지 않는다.

그럼 이 점을 명심하여 마음에 잘 새겨 두고 화법의 세 가지 방법에 들어가자.

짧은 회화를 하는 법

당신이 다음과 같은 정황에 놓이면 무엇을 이야기할까?

① 당신이 세일즈맨으로서는 처음으로 손님을 방문한 경우.
② 초청된 오찬회에서 당신의 옆자리에 알지 못하는 사람이 앉아 있는 경우.
③ 정류장에서 매일 아침마다 마주치는 사람과 만났을 경우.
④ 휴식 시간에 신입사원과 같은 테이블에 앉았을 경우.
⑤ 만찬회에서 다른 사람에게 소개되었을 경우.
⑥ 취직 면접시험을 받을 경우.
⑦ 동아리에 참가하자마자 신규회원을 위한 '친목회장'에 들어갔을 경우.
⑧ 회사의 파티에서 상사의 부인과 처음으로 만났을 경우.

이상은 '짧은 회화'의 전형적인 무대이며, 간단한 회화를 나누는 장소이다. 이때 '좋은 인상'을 남기게 된다면 오래 계속되는 우정을 나누는 계기가 된다. 이런 경우를 대비하여 짧은 회화를 위한 테크닉을 배우고 연습하는 것이다.

첫째 기본 사항

첫째로 짧은 회화와 긴 회화의 차이를 이해해야 한다.

짧은 회화에서는 인간의 외면적인 것을 이야기하고, 긴 회화에서는 인간의 내면적인 것을 이야기하는 경우가 많다.

짧은 회화에서는 약간의 인상, 의견, 사건, 상황 등을 이야기하게 된다.

긴 회화에서는 더 내면적인 감정, 인생에 있어서의 도전, 중대한 사건 등 2,3분의 시간으로는 이야기할 수 없는 사항이 이야기된다.

그러므로 개인적인 짧은 회화가 되지 않도록 하라. 또한 상대방의 개인적인 감정이나, 영역에 뛰어들어서 무언가를 탐색하려드는 듯한 느낌을 주지 않아야 한다.

짧은 회화의 둘째 기본 사항

상대방을 즐겁게 하려면 상대방이 이야기하고 싶어할 만한 사항을 선택하여 이야기하라. 다음에 드는 것은 다른 사람이 이야기하고 싶어하는 상황이다. 호감을 받을 수 있는 것부터 차례로 들어 보았다.

① 자기 자신—사람은 누구나 예외없이 자기에게 일어난 일, 자기가 본 일, 자기가 들은 일 등을 이야기하고 싶어 한다. 남성은 일, 희망, 일에 있어서의 좋은 사건 등에 대하여 이야기하고 싶어하고, 여성은 자기의 가정, 쇼핑, 어린이 등에 대한 화제를 좋아한다.

② 자기의 의견—사람은 자기의 의견을 표명하기를 아주 좋아해서 자신이 알지 못하는 일까지 이야기하고 싶어한다. 이런 전화 조사를 한 일이 있었다. 실제로는 존재하지 않는 법안에 대하여 사람들의 의견을 구한 것이다. 그러자 많은 사람들은 존재도 하지 않는 테마인데도 긴 의견을 말하였다.

"나는 그 일에 대해서는 의견이 없습니다."와 같은 경우는 극히 드문 일이다. 없을 때에도 급히 서둘러서 기꺼이 의견을 만드는 것이다.

③ 다른 사람의 일—제 삼의 화제는 다른 사람들의 일이다. 사람들은 인간에 관하여 이야기하는 것을 좋아한다. 정직하게 현실을 둘러 보자. 사람들은 가십을 좋아한다. 그것은 인간에게 매력을 느끼기 때문이다. 인간에 관한 놀랍고도 명백한 사건을 이야기하고 싶어한다. 그러나 '사람들에 관한 이야기'를 할 때는 신중을 기해야 한다. 그저 흥미 위주의 스캔들을 이야기 할 때, 그 순간은 재미 있을지는 모르겠지만 자칫 말을 꺼낸 자신도 경박해지기 십상이다. 때문에 가십은 즐겁고 긍정적인 것을 택해야 한다.

④ 사물—이 범주에 들어가는 것은 일기, 정치, 텔레비전 프로, 시사문제이다. 이와 같은 것에 관하여 상대방의 의견을 들어 보면 이 범주는 제2와도 같은 성격이 된다. "오늘은 무척 춥군요."라고 말하는 대신에 "오늘은 부동액을 넣는 편이 좋을까요?"라고 물어보라.

⑤ 당신의 일—이것은 리스트의 최후에 오는 것이다. 그렇지만 이 화제도 길게 이야기하지 않는 게 좋다. 수술, 병, 가정 안에서의 분쟁, 비판이나 비난과 같은 싫은 이야기만 하지 않는다면 재미있게 할 수 있다.

그렇지만 최후의 '당신'보다도 처음의 네 가지의 화제 쪽이 회화를 재미있게 한다는 사실을 잊지 말라.

짧은 회화의 셋째 기본 사항

당신은 상대방으로부터 회화를 끌어내지 않으면 안 된다. 그러기 위해 다음과 같은 도구를 사용하라.

① 질문을 하라. 그러나 한 마디로 대답할 수 있는 질문은 안 된다. "일이 즐겁습니까?"와 같은 질문은 하지 말라. "당신이 하는 일의 어떤 점을 좋아합니까?"라고 물으라.

"당신이 살고 계시는 곳은 불편한 점은 없습니까?"라고 물어서는 안 된다. "당신이 살고 있는 곳은 어떤 점이 편리합니까?"라고 묻는 것이다.

반지, 보석, 조직의 마크, 의복, 방안에 있는 가구, 이와 같은 사물에 대해서도 질문을 하라. 질문만큼 회화를 스무드하게 이끄는 것은 없다. 상대방의 의견, 일, 가족, 취미, 흥미, 경험, 가정, 휴가, 좋아하는 것, 싫어하는 것 등에 관하여서 물어보는 것도 좋다.

② 쇄빙선*을 띄우라. 자, 이것은 짧은 회화를 오래 계속하기 위한 멋진 방법이다. 먼저 사실이나 사건을 이야기하고 곧 상대방의 의견을 묻는 것이다. 앞으로 1주일 동안 날마다 신문에서 몇 가지 사항을 선택하여 이 테크닉을 연습하라.

"국회가 경비의 증액을 계획하고 있지만 그 점에 대해서 자네는 어떻게 생각하나?"

"아침 신문에 경찰은 그 구역 내에서 살아야 한다는 기사

---

*쇄빙선(碎氷船):얼어붙은 바다나 강의 얼음을 깨뜨려 부수고, 뱃길을 내는 배. 강력한 추진 기관을 장치함.

가 있었는데 왜 이런 규칙이 필요할까? 자네는 어떻게 생각해?" 그리고 "공평하다고 생각하나?"라고 구조선을 띄우고 계속해서 "이것이 경찰력에 어떤 영향력을 준다고 생각하나?"라고 묻는다.

쇄빙선으로써 사용할 수 있는 기사는 어떤 신문에나 산더미처럼 쌓여 있다. 작은 에피소드, 사건, 경험에 관해서도 같은 테크닉을 사용하라. 먼저 설명하고, 그리고 의견을 구해야 한다. 또는 "이런 일을 자네도 경험한 일이 있나?"라는 식으로 묻는다.

③ 요구를 하라. "자네 여행한 이야기를 좀 해 줘."는 요구의 한 예이다. 경험, 사건 등의 설명을 듣기 위한 실마리가 된다. "대학에 다니고 있는 아가씨의 이야기를 듣는 것이 즐겁더군요, 그 뒤에는 어떻게 하고 있습니까?" 또 "그 팔찌는 어떻게 했지?"라고 말을 건다.

이것이 짧은 회화의 기본적인 사항이다.

상대방으로부터 의견을 끌어내도록 그날의 작은 사건을 준비하라. 상대방이 자기의 일을 이야기하는 계기를 만들어주라. 그러기 위한 질문을 준비하고, 또 당신 자신의 경험을 간단하고 재미있게 사이사이에 끼우는 것이 효과적이다.

그렇게 하면 누구라도 친절감을 가지고 사교적으로 어울릴 수 있게 된다. '짧은 회화'를 피해서는 안 된다. 잡담을 하도록 노력하라.

긴 회화를 하는 방법

긴 회화는 반드시 짧은 회화에서 시작된다. 긴 회화를 하기 위해선 '워밍업'이 필요하다. 2,3분 동안의 사이가 필요한 것이다. 이때야말로 당신의 회화술이 시험된다. 왜냐하면 회화를 제2막으로 옮기지 않으면 안 되기 때문이다. 이것은 좀더 깊이를 가진 무대이다.

'작은 이야기'보다도 훨씬 이익이 되며, 만족을 느끼는 경험이 될 것이다. 이것이야말로 회화의 진수이다.

짧은 회화를 해서 그것을 긴 회화로 이끌어가기 위한 공식은 결코 복잡한 게 아니다. 이것은 '상대방을 생각하게 하라'는 간단한 방식이다.

대개 사람들은 권태와 더불어 시간을 보내고 있다. 그렇지 않으면 자기의 일에 대부분을 소비하고 있다. 어느 쪽도 좋은 일이라고 생각할 수는 없으나, 틀에 박힌 일을 되풀이하면서 생활하고 있는 것은 분명하다. 그리고 좀더 즐거운 일은 일어나지 않을까 하고 애타게 기다리고 있는 경우가 많다.

3천 명을 상대로 조사한 결과 93%의 사람들이 장래의 일을 즐거움으로 삼고 살아가는 것을 알게 되었다. 휴가, 크리스마스, 급료의 인상, 퇴직, 새로운 집, 아이들의 학교 졸업 등이다. 하루의 일과를 시작하는 데 있어서도 커피타임이라든지, 점심시간이라든지, 밤의 텔레비전 프로들을 즐거움으로 삼고 있다. 인간의 마음은 단조로운 시간을 부드럽게 하는 생각에 자연히 끌려간다.

모두 자기의 일을 고민하고 있다. 돈, 청구서, 병, 트러블, 하지 않으면 안 될 일, 또는 자기 자신에 대한 끊이지 않는 걱정거리 등에 대하여 상심하고 있다.

누구나 이와 같은 무거운 짐으로부터 빠져나오기 위해 기분전환이나 오락을 구하고 있다. 거기에 당신이 등장한다. 그리

고 회화에 의하여 그 사람들의 생각을 바꾸어 놓는다. 그들은 즐거운 시간을 갖게 될 것이다. 틀림없이,

"또 만나서 이야기를 나누고 싶습니다."

라고 작별인사를 하며 헤어질 것이다.

이렇게 하려면 생각하는 것을 필요로 하는 화제라든지, 질문을 꺼내지 않으면 안 된다. 그러한 화제에는 어쩐지 특이한 점이나 색다른 점이 있는 법이다. 예를 들면, 알렉산더 그래함 벨은 젊은 과학자들의 그룹을 주관하고 있을 때 이렇게 질문을 하여 권태를 날려버렸다.

"당신들 중에 몇 사람이나 체포된 경험이 있습니까?"

긴 회화에서는 '내면적인 인간성'의 문제에 대한 이야기를 나누도록 해야 한다. 철학, 논쟁, 사회문제 등 폭넓은 토픽을 끄집어내는 것이다.

최근에 나는 '만찬회가 있기 전'의 파티에 참석했다. 예정시간은 오후 5시부터 6시 반까지였다. 그런데 8시 반이 되어도 많은 사람들이 아직 회장에 남아 있었다. 그리고 만찬회의 예정을 취소하며 이야기를 계속하고 있었다. 누군가가,

"성공의 정의는 무엇일까요? 누구나 성공을 원하고 있습니다마는 성공이란 대체 무엇일까요?"

라고 질문을 했기 때문에 다음부터 이야기가 활기를 띄기 시작했다. 현대의 성공 기준, 지위의 상징, 물질적인 소유욕, 그 밖의 인간 행동의 전반에 걸쳐 토론했다. 사고를 촉진하는 화제였기 때문에 모두가 즐겼던 것이다.

그럼 여기서 사고를 촉진하여 회화를 활기있게 하는 화제를 알아 보자.

① 일에 자기가 가지고 있는 능력을 전부 발휘할 수 없는 사

람이 많은데 그것은 어째서일까?
② 당신이 한 나라의 수상(首相)이라면 무엇을 하겠는가?
③ 행복이란 무엇인가?
④ 왜 인간은 변화를 거부하는가?
⑤ 만일 회사가 급료를 세 곱으로 올려 준다면 당신의 일하는 태도는 지금과 어떻게 변할까?
⑥ 숙박업소 거리에 살고 있는 사람들은 좋아서 거기에 살고 있는 것일까?
⑦ 우리들은 어느 정도의 시간을 자기의 일에 대하여 생각하며 살고 있을까?
⑧ 무엇이나 소망하는 것을 세 가지 이루워 준다면 무엇을 원하는가?
⑨ 우리들은 양심을 어떻게 관철하고 있는가?
⑩ 사람들의 앞에서 이야기할 때 왜 두근거리는가?
⑪ 만일 모든 의심이나 두려운 기분을 내쫓을 수 있다면 당신은 어떻게 달라질까?
⑫ 꺼림칙할 때는 보통 어떤 때인가?
⑬ 어린이들이 학교에서 배우는 지식에 의문을 가질 때는 어떻게 하면 좋은가?
⑭ 인간이 가진 가장 싫은 세 가지 특질이란 무엇인가?
⑮ 순응주의는 현명한 일인가?

당신은 지금 어떤 종류의 질문이 재미있는 회화를 이끌 수 있는지를 알고 있기 때문에 그와 같은 질문을 만드는 습관을 들이라. 사고를 촉진하는 질문을 마련해 두라. 내용은 '원자탄이 문명에 주는 영향'으로부터 '이를 닦는 일'까지 소재거리는 무엇이라도 좋다.

실제로 이에 대하여 화제에 올린 일이 있다. 치과의사들의 그룹에서 그 이야기가 나온 것이다. 현시대에서 가장 건강한 잇몸과 건전한 치아를 가지고 있는 것은 비문명국의 사람들이라고 말했다. 이를 닦을 줄 모르는 사람들이라고 말했다. 그는 "그들도 이를 닦으면 이가 나쁘게 되어 버릴까? 그런 일은 있을 수 없을까?"라고 물은 것이다.

상대방을 생각하게 할 것

지금까지 서술해 온 것이 긴 이야기를 하기 위한 능란한 기술이다. 앞장에서도 다루었지만, 말을 잘하는 사람은 잘 듣는 사람이며 분명하게 이야기할 수 있는 사람이다. —자기의 내부에 있는 생각을 표면에 내놓을 수 있는 사람—그리고 상대방의 생각을 촉진할 만한 화제를 제공하고 질문을 할 수 있는 사람이라는 말이 된다.

회화를 컨트롤하는 방법

회화를 컨트롤할 수 있으면 도움이 되는 일이 많다. 회사의 간부, 세일즈맨, 취직의 면접계원 등은 먼저 회화를 이끌고 컨트롤할 줄 몰라서는 안 된다.

"어떻게 해서 회화를 컨트롤합니까?"

누군가에게 물어보라. 대개의 사람이 이렇게 대답할 것이다.

"스스로 이야기하고 싶은 화제를 골라서 회화를 잘 리드해 가면 됩니다."

이것은 큰 잘못이다. 이것과 정반대의 일, 즉 질문을 하는 것이다. 이야기하는 것으로 회화를 컨트롤할 수는 없다. 질문을 하는 것만이 당신의 바라는 방향으로 회화를 리드한다. 더구나 상대방에게 싫은 기분을 일으키지 않는 유일한 방법이다.

그러나 상대방의 질문으로 회화를 리드하려고 할 때에는 어떻게 하면 좋은가? 그 경우에도 당신이 회화를 컨트롤하는 것은 가능할까? 그것은 가능하다. 이쪽에서도 질문을 하여 상대방의 질문을 받는다. 이런 식으로 한다. 우선 당신이 취직시험을 보았다고 하자. 이 경우는 면접계원이 회화를 리드하고 컨트롤한다. 이때도 당신은 질문 형식으로 대답하면 된다. 면접자는 "당신의 경력은?"하고 물을 것이다.

당신은 경력을 설명하고, 그리고 마지막에 이렇게 말한다.

"이 사업에는 어떤 경력이 요구되고 있습니까?"

또 상대방은 "어느 정도의 급료를 기대하고 있습니까?"라고 물을 것이다. 당신은 대답한다. "이 회사에서는 일에 대한 평가를 신중히 하고 있다고 생각합니다. 급료는 어느 정도로 정하고 있습니까?"

질문에 답하고, 그리고 이쪽에서 질문을 하는 것이다.

당신이 세일즈맨이라고 하자. 손님은 자기가 하고 싶은 질문만 실컷 하고서 당신에게는 이야기할 겨를도 주지 않는다. 그리고 나서 "안녕."하며 나간다고 하자.

그렇다면 이렇게 해 보자. 손님이 조건 등을 물으면 거기에 답하고 나서 "이 조건으로 만족하실까요?"라고 질문한다. 또 가격을 물어온다면 "어느 정도의 수량을 주문하십니까?"라고 오히려 되묻는다.

질문에 대하여 사실을 가지고 대답하면 반드시 그 사실에 대한 손님의 의견을 물으라. 상대방은 동의하고 있는지, 상대방이 생각하고 있는 대로인지, 손님의 필요에 맞고 있는지? 회화의 컨트롤을 연습하라. 숙달하게 되면 회화기술 뿐만이 아니라, 설득력에까지 자신을 갖게 된다.

화제를 바꿀 때

한 가지 화제를 진력나게 이야기하여 모두를 싫증이 나게 하는 사람이 있다. 회화의 목적에 빗나가고 있어도 태연히 이야기를 계속하는 사람도 있다. 이렇게 되면 이야기를 컨트롤하기가 어렵다고 생각된다.

당신이 주최하는 파티에서 누군가가 할머니의 담석 수술에 대한 이야기를 오래도록 하여 회화를 독점하는 일이 있다. 또는 시간이 한정되어 있을 때에 누군가가 전혀 관계없는 이야기를 해서 주요한 이야기를 할 수 없는 경우가 있을 것이다.

이러한 때에 이야기하고 있는 사람의 기분을 상하게 하지 말고 화제를 바꾸려면 어떻게 하면 좋을까?

역시 그 방법도 간단하다. 새로운 화제를 제공하여 그 사람이 처음에 하던 화제에 관하여 이야기하게 한다. 그리고 나서 다른 사람을 이야기에 끌어들이기만 하면 된다.

이런 식으로 해 보라. 이야기를 좋아하는 친구가 숨을 돌이키기 위해 잠시 쉬었을 때,

"화제를 바꾸어서 안 되었지만, 이런 일에 대하여 자네의 의견이 듣고 싶은 거야."

라고 말하여 새로운 화제를 소개하는 것이다.

이때 상대방은 어떤 인상을 받게 될까? 자기의 긴 의견을 듣고 대단히 감명을 받았기 때문에 새로운 화제에 대해서도 자기의 의견을 듣고 싶은 것으로 생각할 것이다. 상대방은 크게 기뻐하여 어깨가 으쓱해질 것이다. 그러면 당신은 화제를 바꿀

수 있게 된 것이다.

자, 이것으로 당신은 상대방의 마음을 붙잡아두고 활기있는 이야기를 하는 사람이 되기 위한 지식과 기술을 모두 배우게 되었을 것이다.

그럼 이것을 실행하라. 먼저 가장 절친한 친구나 가족을 상대로 시험해 보는 것이 좋다.

당신의 가정에는 생각도 할 수 없을 정도의 즐거움과 기쁨이 묻힌 채로 방치되어 있다. 그런데 당신은 다른 99%의 가정과 마찬가지로 가족들도 이미 다 알고 있는 것처럼 생각한다. 아내나 남편이나 어린이들에 대하여 무엇이나 다 알고 있다고 생각하고 있다. 그래서 새로운 생각, 의견, 화제를 꺼내려고 하지 않는다. 어린이들은 부모에게 싫증을 느끼며 부모들도 서로 그렇게 생각한다.

라 로슈후코는 "우리는 자기가 권태를 느끼게 하고 있는 상대방으로부터 대개 언제나 권태를 느끼고 있다."라고 말했다. 함께 있는 시간이 많은 상대방의 마음을 사로잡는 이야기하는 사람이 되라. 그것은 자기 자신에 대한 도전이다.

연습하기에 가장 적합한 시간은 식사 시간이다. 식사하는 시간을 가족과 즐거운 회화의 한 때로 만들라.

가족이나 절친한 친구와 함께 즐거운 회화를 하는 습관을 들이라. 지금부터 곧 노력하라. 그렇게만 한다면 의외로 숨겨진 희망이나 야심, 그리고 갖가지 지식에 관한 새로운 시야가 열릴 것이다. 이것은 당신의 회화력이 없이는 결코 발견할 수 없었던 것이다.

우리가 깊이 사랑하면 사랑할수록 남들도 더욱 우리를 사랑하게 된다.
남들이 우리를 깊이 사랑하면 사랑할수록, 우리는 남들을 더욱 쉽게 사랑할 수 있다
그러므로 사랑은 무한한 것이다. —톨스토이—

이 책이 당신을 매력적인 인간으로 만드는 이유

"여러분에게 진리를 가르치자."

이 말은 예수가 이미 몇 천년 전에 한 말이다.

인생은 영웅(英雄)이나 우상(偶像)으로 가득하다. 우리는 어릴 때부터 자기가 동경하는 사람의 행동을 흉내내기 시작한다. 그렇게 해서 자기의 '인간성'을 형성해 간다. 그것은 자기의 생각에 따라서, 자기가 동경하고 있는 인간성에 따라서 형성된다. 그리고 이 패턴은 습관이 방해될 때까지 계속된다.

그래서 사람들에게 인간성의 특질을 설명함에 있어서 나도 영웅이나 우상을 필요로 했다. 즉 걸출한 인물로서 알려진 사람들을 필요로 한 것이다.

모든 분야의 온갖 사람들의 특성이나 기술을 상세히 조사해 보았다. 역사상의 위인을 비롯하여 실업가나 정부 고관, 영화스타에 이르기까지 모든 성공한 사람들을 조사했다.

그리고 드디어 완전한 인물을 만났다고 생각하면 곧 반드시 결점이나 별로 좋지 않은 경향을 발견하고 만다. 다시 한 번 조사를 고쳐서 하다 보면, 그때마다 사람들이 본받을만한 전형적인 인물로서 그 인물을 추천할 수 없다고 생각했다.

그러나 정신계의 지도자들—간디, 루터, 샤커 등—을 조사하고 있을 때, 나는 완전한 인물을 한 사람 발견할 수 있었다.

내가 선택한 사람은 보통 뛰어난 인물이 가진 것으로 생각되는 특성은 조금밖에 가지고 있지 않았다.

즉, 그는 가난한 태생으로 부모는 노동자였다.

정식 교육은 거의 받지 않았으나 자기개조(自己改造)에 전념하여 인간의 본질에 대한 깊은 통찰력을 가진 사람이었다.

그는 책을 쓴 일도, 음악을 작곡한 일도 없었다.

그는 또 집으로부터 150마일 이상 멀리 간 적도 없었다.

그가 일에 소비한 세월은 단지 36개월이었다.

그는 물질적인 것을 결코 소유하려고 하지 않았다.

또 공직에 대한 일도, 군대를 지휘한 일도, 기성 조직에 가입한 일도 없었다.

그의 직업은 목공이었다.

그런데도 이 신분이 비천한 지도자는 문명에 커다란 영향을 주었던 것이다. 그것은 역사상의 어떤 나라, 어떤 국왕, 어떤 군대가 준 영향보다도 큰 것이었다. 수많은 사람들이 그를 숭배하고 자기의 인생을 그에게 바쳤다.

그, 즉 예수야말로 인류의 기록에 기록된 최대의 인격이라고 할 수 있을 것이다.

연구의 시작

몇 년 전에 이 중대한 사실을 깨닫고 나서 나는 이 사람의 인격을 마음에 그려왔다. 그것은 갈릴리 해변으로부터 현대 사회로 그를 불러오게 하는 일이었다.

모든 것은 한 장의 조그마한 노란 색깔의 종이 쪽지로부터 시작되었다. 지금도 이 종이 쪽지는 내 곁에 있지만, 거기에는 다음과 같은 메모가 새겨져 있다.

예수의 인격이란 어떤 것이었는가?

—사람들을 끌어들이고, 있는 그대로의 모습을 받아들였다.

—사람들을 칭찬하고 각자의 가치를 느끼게 했다.
—사람들을 도왔다.
—이야기나 비유를 말했다.
—결코 싸우지 않았다. 비난을 받아도 거역하지 않았다.
—사람들에게 소망이나 안정 등을 주었다.

나의 연구는 이 종이 쪽지로부터 출발한 다음 몇 년이고 계속되었다. 이 책은 그 결과로 쓰여진 것이다. 모든 메모와 관찰과 비교의 성과이다. 정신적인 것을 현실의 생활에 바꾸어 놓은 것이다.

그 사람의 인간성에 대하여

여러분은 이것으로 왜 이 책이 열의라는 특성으로부터 시작되었는지를 분명히 알았을 것으로 생각한다. 열의야말로 당신을 위대하게 만드는 것이다.

열의(enthusiasm)라는 단어는 '신에 대한 신앙'이라는 그리이스의 말에 그 어원(語源)을 두고 있다. 예수는 달성할 수 있는 한 이 열의를 예증(例證)했다.

"내가 세상에서 이 말을 하옵는 것은 내 기쁨을 그들 안에 충만하게 가지게 하려 함입니다."(요한복음 17 : 13)라는 말은 예수가 낙관적이었다는 것을 나타내고 있다.

그럼 우정은 어떤가?

"내가 새로운 계명을 너희에게 주노니 서로 사랑하라. 내가 너희를 사랑하는 것같이……"(요한복음 13 : 34)라는 말은 이 위대한 인격의 완전함과 우정을 나타내는 이외에 아무것도 없다.

'당신이 성공하기 위한 규칙'으로부터 '설득력 있는 인간이 되기 위한 십계'까지의 장(章)을 돌이켜 본다면, 거기에는 내가 마음에 그린 예수의 인격이 내포되어 있는 것을 깨달을 수 있을 것이다. 마지막 회화에 관한 부분까지도 예수의 영향이 크다. 자기를 있는 그대로 드러내놓은 것, 비유를 말한 것, 말을 영구히 남긴 것이 이들 장에 반영되고 있다.

여행의 종언(終焉)

자, 지금 여기에는 인간성을 꼭 닮게 그린 그림이 있다. 그것은 이 책에 처음부터 마지막까지 일관하고 있는 것이다.

그리고 여기에서 우리들의 여행도 끝내려 하고 있다. 이렇게 오랜 동안 함께 있었으므로 다음을 말하고 싶다. 나에게 있어서 당신은 매우 뛰어난 사람이었다. 왜냐하면 당신의 헌신과 흥미가 없었다면 이 책은 쓰여지지 않았기 때문이다. 나의 친구가 되고, 그리고 이 책을 읽어 주신 것을 감사한다.

갈릴리의 스승의 힘과 인격이 당신의 인생에 있어서 언제나 영원히 영향을 주도록. 그리고 아버지이신 하나님의 은혜가 언제까지고 당신과 함께 있도록!

매력있는 인간성 창조의 비밀

2006년 1월 20일 / 1판 1쇄 인쇄
2006년 1월 25일 / 1판 1쇄 발행
2012년 12월 25일 / 2판 1쇄 발행
2015년 10월 15일 / 3판 1쇄 발행

글쓴이 | 로버트 콘크린
옮긴이 | 이 정 빈
펴낸이 | 김 용 성
펴낸곳 | **지성문화사**
등 록 | 제5-14호(1976.10.21)
주 소 | 서울 동대문구 신설동 117-8 예일빌딩
전 화 | 02)2236-0654 , 2233-5554
팩 스 | 02)2236-0655 , 2236-2953

정가 13,000원